Georg Bubolz

W0462879

Religion

POCKET TEACHER

Download: PowerPoint-Referat

1. Rufe die Internetseite auf: www.cornelsen.de/pocket-teacher
2. Gib den Webcode ein: **PT229819**

Cornelsen
SCRIPTOR

Der Autor:
Dr. Georg Bubolz, Studium der Theologie, Philosophie und Erziehungswissenschaft, war lange Lehrer und Fachleiter in der Lehrerausbildung; er ist Autor zahlreicher Schulbücher und Unterrichtshilfen für Religion und Pädagogik.

Die in diesem Werk angegebenen Internetadressen haben wir überprüft (Redaktionsschluss: 14.04.2009). Dennoch können wir nicht ausschließen, dass unter einer solchen Adresse inzwischen ein ganz anderer Inhalt angeboten wird.

Für die neue Ausgabe wurde dieser Band vollständig aktualisiert und erweitert.

www.cornelsen.de

Bibliografische Information: Die Deutsche Bibliothek verzeichnet diese Publikation in der Deutschen Nationalbibliografie; detaillierte bibliografische Daten sind im Internet über http://dnb.ddb.de abrufbar.

Dieses Werk berücksichtigt die Regeln der deutschen Rechtschreibung, die seit August 2006 gelten.

5. 4. 3. 2. 1. Die letzten Ziffern bezeichnen
13 12 11 10 09 Zahl und Jahr der Auflage.

Projektleitung: Anja Sokoll, Berlin
Redaktion: Gabriele Teubner-Nicolai, Berlin
Redaktionelle Neubearbeitung: DAS LEKTORAT Monika Kopyczinski, Berlin
Reihengestaltung: Magdalene Krumbeck, Wuppertal
Satz und Layout: Ines Schiffel, Berlin
Herstellung: Uwe Pahnke, Berlin
Illustrationen: Ferdinand Lutz, Viersen
Umschlagentwurf: Patricia Müller und R. J. Fischer, Berlin
Druck und Bindearbeiten: CPI – Clausen & Bosse, Leck
Printed in Germany
ISBN 978-3-589-22981-9

Gedruckt auf säurefreiem Papier,
umweltschonend hergestellt aus chlorfrei gebleichten Faserstoffen.

Inhalt

Vorwort

Liebe Schülerin, lieber Schüler!
Der handliche POCKET TEACHER bringt dir viele Vorteile: Er informiert knapp und genau. *Fakten, Erklärungen, Beispiele, Abbildungen, Personen* – alles ist übersichtlich geordnet und leicht verständlich.

Du kannst die gewünschten Infos am schnellsten über das Stichwortverzeichnis am Ende dieses Bandes finden. – Stichwort vergessen? Dann schaust du am besten ins Inhaltsverzeichnis und suchst im entsprechenden Kapitel nach dem Wort.
Im Text deines POCKET TEACHERS findest du viele farbige Pfeile. Diese verweisen auf andere Stellen im Buch.

Lern-Check: Teste dein Wissen! Am Ende jedes Kapitels werden die wichtigsten Inhalte in einer Checkliste abgefragt. So kannst du dein Wissen schnell testen. Entdeckst du noch Lücken, dann gibt es hier Hinweise, welche Seiten du noch einmal genau lesen solltest.

Die Themenauswahl des POCKET TEACHERS Religion ist am mittleren Schulabschluss orientiert, wie er in den neuen „Kirchlichen Empfehlungen zu den Bildungsstandards“ der Katholischen Deutschen Bischofskonferenz nachzulesen ist. Ebenso orientiert sich die Auswahl an den Überlegungen „Zur Entwicklung von Bildungsstandards“ auf evangelischer Seite.

Natürlich kann die POCKET-TEACHER-Reihe ausführliche Schulbücher mit Übungen und Beispielen nicht ersetzen. Das soll sie auch nicht. Sie ist deine Merkhilfe-Bibliothek für alle Gelegenheiten, besonders für Hausaufgaben oder die Vorbereitung von Klassenarbeiten und Abschlussprüfungen.

Vorab zu lesen

In einer überregionalen Tageszeitung stand es in der ersten Advents-Ausgabe zu lesen: Jedes dritte Kind im Alter von sechs bis zwölf Jahren (39 %) kennt den Grund für das Weihnachtsfest nicht. Dies ergab eine Umfrage des Münchner Jugend-Forschungsinstituts „iconkids & youth“, das mehr als 700 Kinder befragte. Dabei zeigte sich ein deutliches Ost-West-Gefälle. In den neuen Bundesländern lag der Anteil der unwissenden Kinder bei rund 54 %. Im Westen waren es 36 %. Gut 6 % gaben offen zu, den Grund für das Fest nicht zu kennen: „die Geburt Jesu Christi“. Etwa 15 % waren mit Angaben wie „das habe was mit Jesus zu tun“ auf der richtigen Spur, aber 18 % lagen komplett daneben. Gefeiert werde, weil es Winter sei, der Weihnachtsmann komme oder weil es einfach „schon immer so gemacht wurde“.
Manche Kinder verwechselten Ursache und Wirkung: Weihnachten werde gefeiert, „weil Ferien sind und die Oma kommt“ oder „damit die Geschäfte mehr verkaufen“. 9 % erklärten, es werde gefeiert, „damit es Geschenke für die Kinder gibt“. Ein Kind gab an: „Da ist der Weihnachtsmann gestorben.“

„Kaum zu glauben!“, wird jetzt mancher meinen. Aber: Die Tatsache, dass (nicht nur) Kinder und Jugendliche in unserem Land häufig zu wenig religiöse Fakten und Zusammenhänge kennen, wird niemand bestreiten. In einer zunehmend entchristlichten Gesellschaft will dieser Band der POCKET-TEACHER-Reihe zentrale Inhalte des christlichen Glaubens und der großen Weltreligionen kurz und bündig vorstellen sowie gelegentlich vertiefen. Wer in Fragen der Religion auf dem Laufenden sein will, kann hier Grundlegendes über die bestehenden Religionen und ihre

Traditionen erfahren: über einen Zugang zur Welt, der gegenüber anderen Arten der Welterfahrung einen eigenen Weg darstellt. Da zählen nicht so sehr objektive Daten wie in den exakten Naturwissenschaften, sondern eher eine Verbindung von Gefühl und Vernunft, Weisheit neben Wissen, Herz und Hand ...

Es wäre zu viel verlangt, auf jede Einzelfrage, die mit Religion zu tun hat, eine fertige Antwort zu erwarten. Aber zentrale inhaltliche Akzente weisen auf Wesentliches hin, das zum Verstehen unserer Welt hilfreich ist:

- Wo kommt Religion – in welcher Gestalt auch immer – in unserem individuellen und gesellschaftlichen Leben vor?
- Wie kann die – für viele nicht leicht zugängliche – „Sprache der Religion" besser verständlich werden?
- Welche Methoden gibt es, um einen Zugang zu Texten mit religiöser Thematik zu finden? Und wie können Worte aus der Bibel angemessen interpretiert werden?
- Was muss man wissen, um einen begründeten eigenen Standpunkt in religiösen Fragen zu finden?
- Worin unterscheidet sich ein gläubiger Mensch von einem ohne Religion, wenn es um Fragen des richtigen Handelns geht?

Die jeweiligen Kapitel gehen auf diese Fragen ein, ohne die teils sehr komplexen Phänomene allzu sehr zu vereinfachen. Für weiteres Nachfragen werden Adressen zur Internet-Recherche empfohlen.

Sprache der Religion

1.1 Religiöse Fragen und Phänomene wahrnehmen

Beten ist menschlich

Sie waren auf der Beerdigung eines Freundes und Kollegen. Er war ganz plötzlich gestorben, noch gar nicht alt. Kürzlich hatten sie noch zusammengesessen und die gemeinsame Arbeit geplant. Dieser Freund und seine Frau waren aus der Kirche ausgetreten. Mit Religion wollten sie nichts zu tun haben. Nun waren sie auf seiner Beerdigung. Sie saßen in der Leichenhalle. Vorne stand der Sarg. Stumm warteten sie etwa 10 Minuten. Dann hoben die Träger den Sarg auf und gingen zum Grab. Der Sarg wurde hinabgelassen; sie standen noch einige Minuten am Grab, dann entfernten sie sich.

Die Stummheit dieser Beerdigung war bedrückend. Warum musste dieser Mann so früh sterben? Was ist der Sinn eines solchen Todes? Diese Fragen standen im Raum. Aber die Trauer wurde nicht herausgelassen, sie fand keine Worte, keine Geste, kein Lied. Soll man, wenn sich im Leben wichtige Dinge ereignen, auf Klagen, Loben, Danken, Fluchen, Schreien, Preisen verzichten? Verdorrt nicht das Leben, wenn es keine Sprache gibt für all das, was da geschieht? Eine Sprache finden für das, was man wünscht und beklagt, wofür man dankbar ist und was einen im Innersten erfüllt, das heißt doch *beten*. Beten hat *irgendwie* mit Gott zu tun. Wer betet, bringt seine Erfahrung zum Ausdruck, dass er selbst, dass sein Leben, dass sein Sterben etwas mit Gott zu tun hat. Gott kann man nicht erfahren, indem man *über* ihn redet; vielmehr kann man ihm nur begegnen, wenn man sich auf ihn einlässt, ihm grundsätzlich vertraut – das schließt gelegentliche Zweifel nicht aus. Durch Beten kann dieses Vertrauen zum Ausdruck gebracht werden. Dabei orientiert sich das Gebet an festen Vorlagen (Vaterunser, Psalmen, Liedverse usw.) oder es wird ganz frei formuliert. Beten kann man alleine oder zusammen mit anderen, laut oder leise. Zum Inhalt des Betens kann vieles werden: Bitten um kleine oder große Dinge, Dank, Gedenken an andere, Klage, Frage, Lob oder Bekenntnis.

In der christlichen Tradition spielt das Beten eine große Rolle. Heute allerdings lässt sich beobachten, dass viele nur noch schwer beten können, dass sie sich ihrer Gebete schämen, dass sie fürchten, verlacht zu werden, wenn herauskommt, dass sie beten. Woran mag das liegen? Einige meinen, Beten sei aus der Mode gekommen und gehe am eigentlichen Leben vorbei. Andere sagen, dass Beten die Welt nicht verändere. Voraussetzung für eine bessere Welt seien Taten, nicht Gebete. Wiederum andere fühlen sich alleingelassen, wenn sie beten, da sie keine Reaktion Gottes auf ihre Gebete spüren und so den Eindruck haben, ihre Gebete würden nicht erhört.

Die Bibel schildert viele Situationen, in denen Menschen aus Unglück, aus Wut, aus Glück gebetet haben. Das biblische Buch der Psalmen ist ein Gebetbuch. Der 13. Psalm lautet:

> Wie lange, o Herr, / willst du meiner so ganz vergessen? / Wie lange verbirgst du / dein Antlitz vor mir? / Wie lange soll ich Schmerzen hegen / in meiner Seele, / Kummer im Herzen Tag und Nacht? / Wie lange soll sich mein Feind / über mich erheben? / Schaue her, erhöre mich, / o Herr, mein Gott! / Mache hell meine Augen, / dass ich nicht zum Tode entschlafe, / dass nicht mein Feind sich rühme: / Ich habe ihn überwältigt! / Meine Widersacher jubeln, / dass ich wanke; / ich aber vertraue deiner Gnade. / Es frohlocke mein Herz / ob deiner Hilfe! / Singen will ich dem Herrn, / dass er mir Gutes getan!

Was das Unglück des Beters war, wer seine Feinde waren, weiß man heute nicht mehr genau. Doch sein Verhalten ist nach wie vor beeindruckend. Der Beter benennt sein Unglück; er fragt Gott: Wie lange willst du mich vergessen? Er fordert von Gott: Schau mich an! In diesem Unglück will ich nicht bleiben! Der Beter hat große Wünsche, er trägt sie Gott vor. Gehen seine Wünsche in Erfüllung? Wer den Psalm langsam liest, der merkt, dass sich in dem Betenden etwas verändert. Zunächst klagt er an, dann geht er weiter zur Bitte, und schließlich erreicht er einen Zustand, den man mit *Gewissheit* bezeichnen kann. Er wird langsam ruhiger.

Wer wissen möchte, ob Gebete erhört werden, der sollte einen Psalm wie diesen lesen und zu verstehen suchen, was in dem Betenden vorgeht. Beten verändert zuallererst den Betenden selbst. Wer im Gebet vor Gott sein Unglück benennt, sagt nicht: *So ist es, und so soll es bleiben*, sondern: *So ist es, so soll es nicht bleiben*. Das Gebet drängt zu einem verändernden Tun. Die Kraft für dieses Handeln, die Gewissheit, dass Veränderung zum Guten hin möglich ist, schöpft der Betende aus seinem Vertrauen auf Gott als dem, auf den er sich verlassen kann.

Wie für den Beter der Psalmen, so ist auch für Jesus das Gebet eine Selbstverständlichkeit. Immer wieder erzählen die Evangelien davon, dass Jesus gebetet hat. Im Lukasevangelium fällt auf, dass Jesus sich vor allen großen Entscheidungen seines Lebens zum Beten zurückzieht: Er betet während seiner Taufe, zu Beginn seines öffentlichen Wirkens, vor der Berufung der zwölf Apostel und schließlich kurz vor seinem gewaltsamen Tod. Im Garten Gethsemane bereitet sich Jesus auf die letzten Stunden seines Lebens und auf seinen qualvollen Tod vor. Das Gebet, welches er dort zu Gott spricht, zeugt von einem tiefen Vertrauen in den Willen Gottes, eines Gottes, der den Menschen auch in der größten Not nicht alleinlässt.
Jesu Beten hat seine Jünger so beeindruckt, dass sie ihn aufforderten: *Lehre uns beten!* (Lk 11,1). Jesus lehrte seine Jünger das

Vaterunser. Es wurde zum wichtigsten und bekanntesten Gebet aller Christen. In ihm kommt alles zur Sprache, was für das Leben des Christen wichtig ist: die Anrede Gottes als Vater und das damit zum Ausdruck gebrachte Vertrauensverhältnis, die Hoffnung auf das Kommen von Gottes Reich, die Unterordnung unter den Willen Gottes, die Bitte um die Fürsorge für das Leben.
Beten ist etwas zutiefst Menschliches. In allen Religionen der Welt gibt es Gebete.

Vom Zauber der Musik
Auch Musik kann in Menschen Religiöses erklingen lassen. In einem Interview hat Philipp Harnoncourt einmal gesagt:

> Ein Leben ohne Musik kann ich mir nicht vorstellen. Auch religiöses Leben ohne Musik ist für mich unvorstellbar. Wie soll man loben, danken, preisen, bitten, klagen, bestürmen ... ohne zu singen? Was sollte denn ein Fest sein, was eine Feier, wenn die Sprache der Freude fehlt?

Sich mit Musik zu beschäftigen, kann einen Zugang zum besseren Verständnis des Religiösen eröffnen oder fördern. Dabei stehen Religion und Musik in einer engen Beziehung zueinander. Philipp Harnoncourt sagt:

> Es wäre kurzschlüssig, jegliche Musik religiös zu nennen, aber sofern Musik Ausdruck für das Unaussprechbare ist, tut sie uns kund, dass es schon in der Natur unaussprechbare Wirklichkeiten gibt, und sie kann den Zugang zum Unaussprechlichen, das aller Natur zugrunde liegt, erschließen. Durch Musik und mit unserer Musikkultur entfalten wir unser Gefühls- und Seelenleben, unsere Empfindungskapazität, mit einem Wort: unser Innenleben.

Musik zu hören – oder besser noch selbst zu musizieren – und sich auf sie einzulassen, kann also auch zum besseren Verstehen der religiösen Dimension von Wirklichkeit beitragen und dadurch Perspektiven für die Gestaltung des eigenen Lebens aufzeigen.

Das Religiöse in der Kunst entdecken

Wer in ein Kunstmuseum geht, um alte Gemälde oder moderne Kunstwerke zu betrachten, stößt zuweilen auf sogenannte religiöse Kunst. In den Bildern wird ganz direkt von Gott *geredet*, aber man wird auch auf Bilder treffen, die auf den ersten Blick nichts mit Religion im Sinn zu haben scheinen, aber in denen doch verborgen und unterschwellig Religiöses auftaucht. Da werden etwa Themen dargestellt, die jeden Menschen *unbedingt* angehen: ein krankes Kind und seine besorgte Mutter, die betroffen machen; oder: Tanzende, deren Freude auf die Betrachtenden übergeht und hoffnungsfroh stimmt ... Goethe hat es einmal so in Worte gefasst:

> Die Kunst ist eine Vermittlerin des Unaussprechlichen.

Durch Kunst können so die Spuren der **Transzendenz** (d. h. des Jenseitigen) sichtbar werden. Denn:

> Die Kunst gibt nicht das Sichtbare wieder, sondern sie macht sichtbar,

schreibt der Künstler Paul Klee.

In Kunstwerken vergangener Jahrhunderte werden oft bestimmte zeitbedingte Vorstellungen von Gott ausgedrückt, in moderner und zeitgenössischer Kunst kann das Religiöse eher erahnt als eindeutig dingfest gemacht werden. Kunst provoziert zu Auseinandersetzung und eigener Stellungnahme. Sie ruft Emotionen wach, kann den Betrachter bestürzen, ihn veranlassen, über den Sinn des Lebens nachzudenken. Moderne Kunst kennt meist keine eindeutige Interpretation; demgegenüber orientierten sich alte Meister zum großen Teil an einer klaren *Bildsprache*, die der Kundige entschlüsseln kann.

Eine Frage, die nicht mit wissenschaftlichen Mitteln beantwortet werden kann, weil sie den Einzelnen ganz existenziell berührt, ist die Sinnfrage. Allgemein gültig wird man diese zentrale, doch zugleich ganz individuelle Frage nicht beantworten können. Die Suche nach einer fundierten Auskunft auf diese Frage läuft unweigerlich ins Leere. Mit der Frage nach dem Sinn des Lebens ist nämlich keine Frage gestellt, die auf Wissenserweiterung aus ist, sondern es handelt sich hier um ein Fragen des Menschen nach sich selbst, nach dem Grund und dem Halt für sein Leben – nach dem Religiösen. Häufig bricht die Sinnfrage in besonderen Situationen auf: Ein Unfall, eine Krankheit, der Tod eines geliebten Menschen, Schicksalsschläge generell lassen nach dem Sinn fragen. Nach Sigmund Freud, dem Begründer der Psychoanalyse, ist diese Fragestellung geradezu Zeichen seelischer Krankheit:

> Wer nach dem Sinn des Lebens fragt, der ist krank. Den Sinn des Lebens gibt es nicht. Ich mache den Sinn des Lebens.

Daran ist sicher richtig, dass in Aktivität Sinn geschaffen werden kann. Aber macht erst sinnvolles Tun das Leben sinnvoll? Wird Leben erst durch eigene Leistung gerechtfertigt? Einen (Lebens-)Sinn vor jedem aktiven Gestalten sehen christlicher und jüdischer Glaube darin, dass Gott den Menschen bereits vor jedem Handeln liebt. Sinnvolles Tun ist folgerichtig Antwort auf einen vorgängigen Sinn, der geschenkt ist im Glauben an die Zuwendung Gottes zu den Menschen. Von daher erwächst die Motivation, sich individuell und sozial aktiv für sinnvolles Leben einzusetzen.

1.2 Religiöse Sprache verstehen und verwenden

Religiöse Sprache ist nicht *wissenschaftliche Sprache*, sondern beinhaltet *Symbolisches*. Wenn man in der Bibel nachliest, wie von Gott geredet wird, fallen viele **Metaphern** (bildhafte Übertragungen) für Gott auf. Man denke an die Rede vom *Arm Gottes*, von seiner *Hand*, von seinem *Ohr* und *Auge*. Metaphern bringen zum Ausdruck, was in direkter Sprache nicht ausgedrückt werden kann.

Menschen tun sich schwer damit, von Gott angemessen zu sprechen. Augustinus schreibt etwa: *Was du begreifst, das ist nicht Gott.* Angesichts der Unzulänglichkeit menschlicher Sprache, Gott als das alles menschliche Verstehen übersteigende Geheimnis anzusprechen, könnte es angebracht sein, ganz von Gott zu schweigen. Im Schweigen wird wenigstens deutlich, dass Gott in Worten nicht zu erfassen ist. Darf man trotzdem noch von Gott reden? Die theologische Tradition des Christentums sieht einen Ausweg aus dem Dilemma, indem sie bewusstmacht: Gerade in dem, worin eine Ähnlichkeit zu Gott ausgesagt wird, muss zugleich eine viel größere Unähnlichkeit angenommen werden. Wenn ich also sage, Gott sei *gütig*, dann muss zugleich mit gedacht werden: Gerade in seiner Güte übersteigt *Gott* alle menschlichen Vorstellungen. Die Theologie bezeichnet solches Reden von Gott als Sprechen in **Analogien** (d.h. in formalen Ähnlichkeiten oder begrifflichen Verwandtschaften). So werden Aussagen gemacht, die der Unaussprechlichkeit Gottes entsprechen.

Was für die Sprache gilt, hat auch Bedeutsamkeit bei Gegenständen oder sogar bei Handlungen.

Ursprünglich gewöhnliche Gegenstände oder Gesten können im Bereich der Religion Zeichencharakter annehmen. Wasser deutet auf Leben hin, Licht auf das Gute. Brot und Wein erhalten eine tiefere Bedeutung ... – In der Bibel finden sich viele **Symbole** (griech. *Zeichen*, *Kennzeichen*), die auf eine verborgene religiöse Wirklichkeit verweisen; sie sind zuweilen schwer zu deuten. Im Johannesevangelium werden die Wunder Jesu gar *Zeichen* für den Anbruch der Gottesherrschaft genannt. Die Sakramente der Kirche sind auch als Symbolgeschehen zu verstehen.

Ein Beispiel aus den Zeitungsnachrichten mag verdeutlichen, was unter einem Symbol zu verstehen ist:

> Jugendliche verbrennen eine Fahne der Vereinigten Staaten von Amerika aus Protest gegen die Regierungspolitik. Der oberste Gerichtshof der USA entscheidet: Die Fahne darf öffentlich verbrannt werden. Eine Welle der Empörung geht durch die Bevölkerung Amerikas. – Für einen Außenstehenden scheint es schwer verständlich, wie eine Nation darüber so in Rage gerät, dass ein bedrucktes Stück Stoff verbrannt wird. Doch die Stars and Stripes bedeuten eben doch viel mehr, als auf den ersten Blick erkennbar wird: Das Sternenbanner ist ein Zeichen, ein Symbol für die nationale Identität der USA.

Lern-Check: Teste dein Wissen!

Kapitel „Sprache der Religion“	O. K. ✓	Das muss ich noch mal lesen
Ich kann Beten als spezifische „Sprache des Glaubens“ bzw. als „sprechenden Glauben“ identifizieren.	✓	S. 9–11
Ich kann erläutern, wie Psalmen als Gebete menschliche Grundsituationen (Unglück, Wut, Glück u. a.) zum Ausdruck bringen und wie sie diese Situationen der Betenden vor Gott stellen.	✓	S. 10, 11
Ich kann darlegen, worin vor allem die Wirkung des Gebetes besteht.	✓	S. 11
Ich kann erklären, aus welcher Haltung heraus Jesus gebetet hat.	✓	S. 11, 12
Ich kann bei der Interpretation des Vaterunser deutlich machen, inwiefern in diesem Gebet alles zur Sprache kommt, was für das Leben des Christen wichtig ist.	✓	S. 11, 12
Ich kann erläutern, wie manche Menschen durch Musik einen Zugang zum Unaussprechlichen finden.	✓	S. 12, 13
Ich kann erklären, inwiefern Menschen Spuren der Transzendenz in der Kunst erahnen.	✓	S. 13, 14
Ich kann herausarbeiten, inwiefern die Sinnfrage auch als spezifisch religiöse Frage gelten kann.		S. 14
Ich kann religiöse Sprachformen (Metaphern, Symbole, Analogien) erkennen und deuten, verstehen und verwenden.		S. 15, 16

2 Bibel und Tradition

2.1 Aufbau und Entstehungsgeschichte der Bibel

Der evangelische Theologe, Musiker und Arzt Albert Schweitzer hat sich als Kind gefragt, wie man von der Heiligen Familie sagen könne, sie sei arm gewesen, wenn doch Könige zur Krippe gekommen sein sollen, die Gold brachten? Oder wie kann es möglich sein, dass man weiß, wie Jesus am Ölberg gebetet hat, wenn doch die Jünger geschlafen haben? Solche Fragen haben den Achtjährigen beschäftigt. Und er hat darunter gelitten, dass er darauf keine Antwort finden konnte.

Damit die Bibel nicht als Geschichtsbuch missverstanden wird, hat sich die Bibelwissenschaft seit der Aufklärung im 17./18. Jahrhundert darum bemüht, die biblischen Schriften mit den Mitteln der Wissenschaft zu verstehen. Ergänzend zu den Methoden der Sprach- und Literaturwissenschaft wie auch der Geschichtswissenschaft hat vor allem die Archäologie wesentliche Erkenntnisse für die Erforschung der Bibel gebracht. Im 20. Jahrhundert war dann für die Bibelwissenschaft das Programm der **Entmythologisierung** bahnbrechend:

> Man kann nicht elektrisches Licht und moderne Technik nutzen und zugleich an die Wunder, Dämonen- und Mythenwelt der Bibel glauben!

So argumentierte der evangelische Theologe Rudolf Bultmann. Er machte sich daran, mythische Denk- und Vorstellungsweisen in der Bibel zu finden, zu thematisieren, zu hinterfragen und aufzulösen. Entmythologisierung sieht den Mythos als eine zeitbedingte Denk- und Sprachform. Sie will deshalb das hinter dem Mythos stehende Existenzverständnis in zeitgemäßer Form aufdecken und zur Sprache bringen.

Altes und Neues Testament

Wer den Begriff **Bibel** (das Buch) verwendet, denkt zumeist an Altes/Erstes (AT) und Neues Testament (NT). Während man mit dem Begriff Testament den letzten Willen, das Vermächtnis eines Verstorbenen meint, betont der Begriff **Bund** die Lebendigkeit der Bundespartner. Daher kann man statt vom *Alten Testament* oder vom *Ersten Testament* auch vom *Alten Bund* bzw. vom *Ersten Bund* sprechen. Die Bücher dieses Ersten Bundes entstanden in vielen Jahrhunderten und gehören den verschiedensten literarischen Gattungen an. Es gibt z. B. Lieder, Briefe, Spruchsammlungen, die sich stark voneinander unterscheiden.

Neben der **Tora**, das ist die jüdische Bezeichnung der ersten *fünf Bücher Mose* (griech. *des Pentateuchs*), stehen in der Bibliothek, die das AT darstellt, Bücher der Lehrweisheit, Psalmen sowie prophetische Bücher. Gemeinsam ist diesen Büchern aber ihre Grundhaltung: die Verkündigung Gottes, der einen ewigen Bund mit seinem Volk Israel geschlossen hat, sich aber auch um den Einzelnen kümmert, für ihn da ist. – Im Gespräch mit Angehörigen der jüdischen Religion sollte man auf die Bezeichnung *Altes Testament* besser verzichten: Sie wird als Abwertung ihrer Bibel aufgefasst. Eine akzeptable Alternative sind die Formulierungen *Hebräische Bibel* und *TaNaCh/Tenach*.

Alle christlichen Kirchen berufen sich auf das NT in Verbindung mit der Hebräischen Bibel (AT) als Heiliger Schrift. Das NT wurde in griechischer Sprache verfasst, durchsetzt mit aramäischen Begriffen und Redewendungen. Aramäisch war die zur Zeit Jesu übliche Umgangssprache. Seine Inhalte sind Leben und Wirken, Worte und Taten, Tod und Auferstehung Jesu sowie die Verkündigung der Urgemeinde.

Hebräische Bibel und Neues Testament als Bibel der Christen

Forschungen über die Entstehungs- und Überlieferungsgeschichte des Neuen Testaments gehen davon aus, dass im Anschluss an das Leben Jesu (bis ca. 30 n. Chr.) Augenzeugen zunächst mündlich, später schriftlich von Jesus als Messias erzählten. Später verbreiteten Briefe des Paulus das Bekenntnis zu Jesus als Christus (ca. 50 n. Chr.) und seit 70 n. Chr. wurden die verschiedenen Überlieferungen – unter den jeweiligen theologischen Absichten und Motiven – zusammengefasst und überarbeitet. Neben den Evangelien, der Apostelgeschichte, den Briefen und der Apokalypse entstanden sodann viele apokryphe Schriften (ab 100 n. Chr.), d. h. solche Schriften, die nicht in den Kanon des NT aufgenommen wurden, weil sie der Botschaft des christlichen Glaubens nicht voll entsprachen. Um Irrlehren vorzubeugen und die Einheit und Autorität der Kirche zu wahren, bildete sich allmählich Einverständnis darüber, welche Schriften als verbindlich betrachtet werden sollten. Am Ende des 2., zu Beginn des 3. Jahrhunderts war dieser Prozess abgeschlossen.

2.2 Ein Blick auf den Schreibtisch der Evangelisten

Was die Arbeitsweise der Evangelisten betrifft, so hat die Bibelwissenschaft mit ihren Methoden (z. B. Textkritik, Literarkritik, Formkritik, Redaktionskritik, Zeitgeschichte) wichtige Ergebnisse zur Entstehungsgeschichte gefunden: Den Verfassern lagen kleinere Überlieferungseinheiten vor. Die Arbeit der Evangelisten bestand darin, die vorgegebenen Traditionsstücke in den Zusammenhang ihrer Verkündigung zu stellen.
Auffallend ist das Ergebnis: Markus, Matthäus und Lukas stimmen in Aufbau, Angaben über die ca. einjährige Dauer der Wirksamkeit Jesu und dessen einmaliges Auftreten in Jerusalem überein. Anders Johannes: Der vierte Evangelist lässt Jesus mehrmals in Jerusalem auftreten. Das Wirken Jesu dauert bei Johannes drei Jahre. Wegen der großen Übereinstimmungen zwischen Markus, Matthäus und Lukas spricht man bei diesen Evangelisten auch von **Synoptikern**: Ihre Evangelien können in einer Synopse (griech. *Zusammenschau*) betrachtet werden. Die **Zweiquellentheorie** versucht zu erklären, wie Lukas und Matthäus in Anlehnung an Markus und eine Sammlung von Jesusworten „Q“ sowie eigene Quellen (Sondergut) ihre Evangelien zusammengestellt haben könnten.

Eines dürfte sicher sein: Es ist abgeschrieben worden. So haben Bibelwissenschaftler mit detektivischem Spürsinn die Evangelientexte der Synoptiker untersucht und dabei eine interessante Entdeckung gemacht. Es muss eine Quelle (kurz: Q) geben, von der Lukas und Matthäus Worte und Sprüche Jesu übernommen haben. Diese Quelle ist im Laufe der Zeit verlorengegangen und wir können sie nur rekonstruieren. Starke Gründe sprechen dafür, dass sie unabhängig voneinander eine schriftliche Quelle von Jesusworten, die **Logienquelle** (griech. *Logien* = *Worte*), aufgenommen und eigenständig verwertet haben. Deshalb spricht man auch von der Zweiquellentheorie.

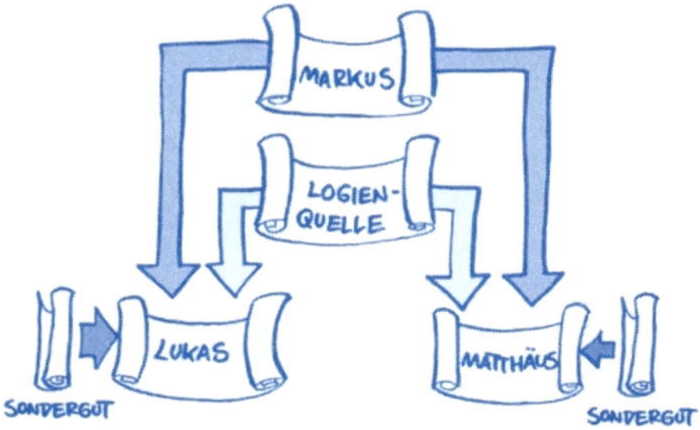

Entstehung der synoptischen Evangelientradition – die Zweiquellentheorie

Hinter Q steht (wahrscheinlich) eine Gruppe frühchristlicher Wandermissionare, die vor allem in Syrien missioniert und in höchster Dringlichkeit auf die Wiederkunft des richtenden Gottessohnes Jesus hingewiesen hat. Bestandteil der Logienquelle ist auch die **Bergpredigt** in ihren Grundzügen. Die Passionsgeschichte fehlt; dass Jesus auferstanden ist, wird wie selbstverständlich als fester Glaube vorausgesetzt, wie vor allem die Rede vom wiederkommenden Jesus verdeutlicht. Etwa um 50 n. Chr. entstanden, ist Q ein wichtiges Dokument urchristlicher Jesusüberlieferung.

Wie die Evangelisten mit ihren Vorlagen umgegangen sind, wird mithilfe der redaktionsgeschichtlichen Methode der Bibelwissenschaft untersucht. Welche Absichten haben die Verfasser der Evangelien verfolgt? Warum haben sie ihr Evangelium so zusammengestellt? Warum haben sie das eine Wort Jesu oder die eine Geschichte aufgenommen, aber anderes weggelassen?

Welche Absicht die Synoptiker verfolgten ...

Warum hat wer wie geschrieben?

- **Markus**, dem ältesten Evangelisten, geht es darum, die Bedeutung Jesu und seiner Botschaft klarzumachen. Um eine historische Beschreibung des Lebens Jesu handelt es sich nicht. Vielmehr soll Jesus als Messias herausgestellt werden, der sich in vielen Wunderheilungen und Dämonenaustreibungen als Sieger über das Böse erweist. Erst von Tod und Auferstehung her wird Jesu Erscheinen ganz verständlich (Messiasgeheimnis). Das Reich Gottes ist nicht selbstverständlich zu erkennen.

- **Matthäus** wendet sich vor allem an die Juden, denen er Jesus als den erwarteten Messias nahebringen will. Daher zählt er den Stammbaum Jesu auf und bezieht sich oft auf Textstellen des Ersten Testaments, die als Belege gelten sollen. Jesus ist zuerst zum Volke Israel gesandt, erst als er dort abgelehnt wird, wendet er sich an alle Welt.
- **Lukas** hat sein Jesusbild gegenüber Markus weiterentwickelt. Jesus ist Retter der Elenden, Verachteten, Armen, Kranken und Sünder. Während bei Markus Jesus noch menschliche Affekte wie Zorn, Unwillen, Trauer oder Liebe zeigt, wird er bei Lukas eher als Allwissender gezeichnet. Die Jünger sind weniger ungünstig dargestellt. Jesus ist ganz den Leidenden zugewandt, seine Geburt wird zum Heil für die Welt. Gegenüber Markus und Matthäus ist die Vorstellung von der Naherwartung des Weltendes zurückgedrängt; Weisungen für das christliche Leben hier und heute treten in den Vordergrund.

Die Bibel ist in uns fremden Sprachen (vor allem Griechisch und Hebräisch), in einer anderen Vorstellungswelt und auf einem kulturgeschichtlichen Hintergrund entstanden, der für uns nicht unmittelbar zugänglich ist. Wichtig für unser Verständnis sind daher sowohl die sprachliche Übersetzung als auch die inhaltliche Übertragung der Aussagen. Die Bibelauslegung versucht, diesen geschichtlichen und kulturellen Hintergrund sowie die vermutete Aussageabsicht biblischer Texte zu verdeutlichen. Ziel ist es, dafür aufgeschlossen zu werden, was die Bibel für unser persönliches Leben bedeuten kann.

Wichtige methodische Schritte der Bibelwissenschaft sind: **Textkritik, Literarkritik, Formgeschichte, Traditionskritik, religionsgeschichtliche Vergleiche** und die **Redaktionskritik**. Diese klassischen Methoden werden in jüngster Zeit unter anderem durch die tiefenpsychologische und die feministische Bibelexegese erweitert.

Textkritik
Da wir keine Originale der Bibelhandschriften haben, sondern diese uns nur in einer Vielzahl von Ab- oder Nachschriften zur Verfügung stehen, hat die Bibelwissenschaft die Aufgabe, aus den vielen Textvarianten (durch Abschreibfehler u. Ä. entstanden) den Wortlaut des ursprünglichen Textes zu rekonstruieren.

Literarkritik
Jeder Schriftsteller hat seine eigene unverwechselbare Handschrift, die sich bei vergleichender Lektüre unschwer erkennen lässt. Die Wortwahl oder die Lieblingsthemen eines Autors können auch Hilfen für die Bibelwissenschaft sein, wenn sie sich auf die Suche nach dem biblischen Verfasser begibt. Aufgabe der Literarkritik ist, die Einheitlichkeit oder Uneinheitlichkeit eines Textes festzustellen, d. h. die Frage zu beantworten, ob ein Textverfasser vorliegende Überlieferungen aufgenommen und in seine Fassung eingearbeitet hat. Ein gutes Beispiel für das literarkritische Problem ist ein Vergleich der Evangelien der Synoptiker.

Formgeschichtliche Methode
Wer eine Liebeserklärung mit einem Geschäftsgespräch verwechselt, darf sich über mögliche Folgen nicht wundern. Der Patient, der auf die Frage des behandelnden Arztes, wie es ihm gehe, mit „Danke, gut!" antwortet, muss mit Unverständnis rechnen. Denn er verkennt, dass es sich nicht um eine übliche Begrüßung handelt, sondern um ein Beratungsgespräch. Jede sprachliche Form hat ihre Eigenheiten und kann nur in einer bestimmten Situation angemessen Verwendung finden.

> Richtiges Verstehen dessen, was gemeint ist, setzt daher die Bekanntheit der Form und der für diese Form spezifischen Situation voraus.

Literarische Formen in der Bibel

Wie es im Alltag eine Fülle sprachlicher Formen gibt, so enthält auch die Bibel unterschiedliche literarische Formen. Der Bibelwissenschaftler stößt etwa auf Streitgespräche, Gleichnisse, Hymnen, Fabeln oder Lehrerzählungen. Wenn er die literarische Form genau kennt, kann er nach der Aussageabsicht forschen. Dabei ist zu beachten, dass eine Reihe von Formen uns heute nicht mehr geläufig sind.

Die Form des **Midrasch**, der Lehrerzählung, wird bei uns (so gut wie gar) nicht mehr verwendet. Wer eine Geschichte wie die von Jona im Wal nicht als biblischen Midrasch identifiziert, läuft gegebenenfalls Gefahr, sich an den Unwahrscheinlichkeiten der Geschichte zu stoßen. Dabei will diese Lehrerzählung überhaupt nichts darüber sagen, ob das Geschilderte sich historisch wirklich zugetragen hat, sondern zum Nachdenken darüber anregen, wie Gott sich voll Erbarmen allen Menschen zuwendet.

In der formgeschichtlichen Methode der Bibelwissenschaft wird also die literarische Form oder Gattung der biblischen Schriften untersucht. So gibt es die vier **Evangelien**, **Briefe** und Briefsammlungen, **Prophetenbücher** und **Offenbarungsschriften**, **Lehrschriften** und **Weisheitsbücher**, ein **Liederbuch** und schließlich auch **Geschichtsbücher**. Und diese Gattungen lassen wiederum Untergattungen zu: Lieder, Gebete, Reden, Rätsel, Gleichnisse, Parabeln usw. Doch damit nicht genug. Selbst die Gattung der Lieder beispielsweise lässt sich weiter unterteilen: Hymnen, Danklieder oder Klagelieder. Wenn der Bibelwissenschaftler die Gattung eines Textes bestimmt, kann er zu einem tieferen Verständnis der vermutlichen Aussageabsicht des biblischen Verfassers kommen.

Die literarische Gattung der **Gleichnisse** (im weiteren Sinne) nimmt in den Evangelien breiten Raum ein.
Das Verständnis von Metaphern hilft zu einer besseren Nachvollziehbarkeit:

- „Wer anderen eine Grube gräbt, fällt selbst hinein!"
- „Ich komme auf keinen grünen Zweig!"
- „Da geht mir der Hut hoch."
- „Das Wasser steht mir bis zum Halse."
- „Jetzt kommt der Stein ins Rollen."

Diese Metaphern verstehen wir, wir nehmen sie nicht wörtlich. Anders verhält es sich bei solchen Metaphern, Allegorien, Parabeln, Gleichnissen, die aus einem anderen Kulturkreis stammen. Da kann es zuweilen gar nicht so leicht sein, den hintergründigen Sinn zu entschlüsseln.

Jesus wählt wie die Rabbinen die Gleichnisform, um zu zeigen, wie es bei Gott, d. h. im Reich Gottes, zugeht. Was Jesus anspricht, ist dabei eigentümlich verborgen. Es muss erst entschlüsselt werden. Die Gleichnisse sollen aber mehr sein als bloße Veranschaulichung einer allgemeinen Lehre. In der Form des Gleichnisses wird um Zustimmung geworben, für die eigene Position argumentiert. Beim Gleichnis im engeren Sinn geht es um einen Regelfall. Seine Überzeugungskraft rührt aus seiner Nachvollziehbarkeit. Wer würde sich nicht über einen wiedergefundenen Geldschein freuen? Warum soll Gott sich nicht über den Sünder freuen, der den Weg zurückfindet (vgl. Lk 15,8–10)?

Die **Parabel** erzählt demgegenüber von einem Einzelfall mit unwahrscheinlichen Zügen. Gleicher Lohn für gleiche Arbeit? Diese Logik gilt bei Gott nicht. Das Gefühl der Ungerechtigkeit stellt sich beim Zuhörer ein. Die Parabel von den *Arbeitern im Weinberg* – wie sie oft genannt wird – soll den alles menschliche Verstehen übersteigenden Maßstab der Güte Gottes plausibler werden lassen (vgl. Mt 20,1–15).

Wenn eine **Beispielerzählung** einen Einzelfall ausschmückt, dann soll der Bezug zum eigenen Handeln unmittelbar deutlich werden. „Handle ebenso!" (vgl. Lk 10,37) – das *Vor-Bild* als individuelle Herausforderung.
Immer sind bestimmte Zuhörer im Blick des Gleichniserzählers. Mit denen setzt er sich auseinander. Ihnen gegenüber will er sich rechtfertigen. Sie will er überzeugen.
Nicht nur eine Erzählung kann gleichnishafte Züge tragen, sondern natürlich auch eine Handlung. Man spricht dann von einer Gleichnishandlung.

Bei der literarischen Gattung der **Wundererzählung** treten zuweilen noch mehr Missverständnisse auf als bei der Auslegung von Gleichnissen. Gegebenenfalls hilft es weiter, sich bewusstzumachen, wann von *Wundern* im Alltag die Rede ist.

„Ein wunderbarer Tag geht zu Ende!"
„Eine brenzlige Situation auf dem Nürburgring. Ein Wunder, dass niemand verletzt wurde!"
„Wie schön doch eine Lilie sein kann: ein Wunder!"

Was ist gemeint, wenn in der Bibel von Wundern gesprochen wird? Staunen über die Schönheit der Schöpfung? Paraphänomene? Glück im Unglück?

Wunder

Das biblische Verständnis von Wundern unterscheidet sich stark von dem Verständnis heutiger naturwissenschaftlich aufgeklärter Menschen. In der Hebräischen Bibel (AT) stellen Wunder keine Sensation dar, sondern sie werden als Taten Gottes betrachtet: Durch das Wunder des Exodus befreit Gott sein Volk aus Ägypten (Ex 3,20), unter Wunderzeichen gelangt Israel durch die Wüste in das versprochene Land Kanaan (Ex 16,4 ff.). Wunder können auch als Bekräftigung der Verkündigung eines Propheten dienen (1 Sam 10,1–9).

Im Neuen Testament wird ganz selbstverständlich vorausgesetzt, dass Jesus Wunder wirken kann. Es ist die Rede von *Naturwundern* (z. B. Brotvermehrung: Lk 12,1–11), Heilungen (z. B. Mk 2,1–12), *Totenerweckungen* (z. B. Mk 5,21–43). Die Wunder Jesu dienen als Zeichen für die in ihm erschienene Gottesherrschaft. Besonders der Evangelist Johannes betont den Zeichencharakter der Wunder Jesu. Jesus lehnt es ab, ein Wunder nur um der Sensation willen zu wirken. Einzig die Menschen erleben das Wunder, die in der notwendigen Glaubenshaltung zu ihm kommen. Wie sind nun die Wunder Jesu zu verstehen? Werden die Naturgesetze durch seine Wunder aufgehoben? Wer die Frage stellt, ob die Wunder Jesu historische Tatsachen sind, die sich wirklich so ereignet haben, wie es im Neuen Testament erzählt wird, hat nicht verstanden, dass die Evangelien keine historischen Protokolle sein wollen. Auch wenn man die Heilungen Jesu naturwissenschaftlich erklären könnte, änderte dies nichts an der Verkündigungsabsicht der Wundererzählungen. Betrachtet man die literarische Form der Wundergeschichten, so fällt bei den meisten von ihnen der Legendencharakter ins Auge.

Bedenkenswert ist auch, dass wir ein Ereignis nur dann als Wunder bezeichnen, wenn wissenschaftliche Erklärungen prinzipiell unabgeschlossen und unvollständig sind. Es handelt sich dabei also darum, dass dieses Ereignis nach dem gegenwärtigen Stand der Forschung als unmöglich oder unwahrscheinlich gilt.

Wir wissen nicht, welche Kräfte unbekannter Art es gibt, die eines Tages vielleicht eine Erklärung des heute noch Wunderhaften ermöglichen könnten. Das, was wir Naturgesetze nennen, sind keine *wirklichen* Gesetze der Natur. Es handelt sich um *Hypothesen*, gewisse Regelmäßigkeiten des Wirklichen, die beobachtet worden sind. Folglich ist es im strengen Sinne wissenschaftlich sinnlos, davon zu sprechen, ein Natur*gesetz* werde *durchbrochen*.

> Das Wunder darf also nicht aus seinem Deutungszusammenhang gelöst werden. Es ist nicht nur Aufsehenerregendes, sondern zugleich auch Hinweis auf die endgültige Vollendung der Welt, ein Zeichen für das Kommen Gottes.

Feministische Schriftauslegung

Mit der **feministischen Exegese** liegt ein weiterer neuerer Ansatz der Schriftauslegung vor. Die Gegenwartserfahrung von Frauen lässt diese die Bibel mit anderen Augen lesen. Feministische Bibelauslegung ist nur im Zusammenhang mit der Frauenbewegung der siebziger und achtziger Jahre des 20. Jahrhunderts zu verstehen. Feministische Exegese will dazu ermutigen, bei der Bibellektüre auf Frauengestalten und ihre Rolle zu achten. „Mutter unser, die du bist im Himmel Ö" – radikale feministische Theologinnen beten dieses Gebet anstelle des „Vaterunser". Sie wollen damit zum Ausdruck bringen, dass Gott nicht nur ein Gott der Männer, sondern auch der Frauen ist und dass die ihrer Meinung nach einseitigen männlichen Gottesbilder durch weibliche aufgebrochen werden müssten. Nur so könnten Frauen in Gott Trost und Zuspruch finden.

Das Ziel des Feminismus, die Befreiung der Frau aus der männlichen Unterdrückung, soll auch in der Theologie zur Geltung gebracht werden. Davon ausgehend wird die Existenz von Frauen theologisch gedeutet, d. h., die Frage nach Gott, der biblischen Erlösungsbotschaft, nach der Kirche/den Kirchen, nach religiösen Bildern und Symbolen wird neu gestellt und neu beantwortet. Frauen fragen nach Jesu Verhältnis zu den Frauen und sie erkennen im Lesen des Neuen Testaments, dass Jesus in den Frauen Partnerinnen sah. So fordern sie, dass auch die Kirche die Frauen als Partnerinnen anerkennt, um so zu einer gesellschaftlich gleichberechtigten Partnerschaft von Mann und Frau zu gelangen.

2.3 Abraham als „Stammvater" des Glaubens

Die Beschäftigung mit den biblischen Schriften kann – vor dem Hintergrund der geschilderten Forschungsmethoden – interessante Ergebnisse hervorbringen.

Zu **Abraham**, einer exemplarischen Gestalt, wurde herausgefunden: Alles, was wir von ihm wissen, entstammt Gen 11,10–25,10. Abraham war vermutlich ein Kleinvieh besitzender Nomadenscheich, der von der Stadt Ur in Chaldäa in der syrisch-arabischen Wüste in das ihm unbekannte Land Kanaan zog. Gen 12,1–4 führt die Auswanderung Abrahams auf einen Befehl JHWHs zurück. (Der Gottesname JHWH wird von Juden aus Ehrfurcht nie ausgesprochen, die Schreibweise JHWH erinnert hier daran!) In Kanaan hält sich Abraham vornehmlich in Sichem, Bethel, Hebron und Beer-Scheva auf. Die zentrale Aussage der Geschichte über Abraham ist seine Berufung und Führung durch JHWH. In Gen 12,1–4 ist fünf Mal vom *Segen* die Rede, den Abraham erhalten soll. Konkret besteht für ihn der Segen in der Zusage von Land und Nachkommen. Gott schließt mit Abraham und seinen Nachkommen einen immerwährenden Bund, dessen Zeichen die Beschneidung der neugeborenen Jungen ist. Mit diesem Bund beginnt der Dialog zwischen Gott und Mensch, der nie mehr enden soll. Im Neuen Testament wird Abraham zum großen Vorbild des Glaubens (z. B. Röm 4; Gal 3,9). Auf Abraham als einen der Patriarchen (Väter) des Gottesvolkes berufen sich Juden, Christen und Muslime. So spricht man auch von den drei abrahamitischen Religionen.

2.4 Vom Auszug Israels aus Ägypten

Das zweite Buch der Bibel erzählt vom **Exodus** der Israeliten aus Ägypten. Es handelt von den JHWH-Gläubigen, die in Ägypten Zwangsarbeit für den Pharao leisten mussten. Hungersnöte hatten sie aus ihrer Heimat nach Ägypten getrieben, dort wurden sie beim Bau von Festungsstädten als Arbeiter eingesetzt. Das Buch Exodus erzählt von ihrer Fronarbeit, von Kindheit, Jugend und Berufung des Mose, seinen Versuchen, den Pharao zur Entlassung seiner Volksgruppe aus der Knechtschaft zu bewegen, und den diversen Fehlschlägen. Es erzählt von dem Auszug und der bekannten Rettung der Mosegruppe am Schilfmeer, den Widrigkeiten auf dem Weg nach Israel und dem Abfall des Volkes von JHWH sowie den Anordnungen hinsichtlich der Bundeslade und des Heiligtums. – Dieses Buch ist ein grundlegendes Glaubenszeugnis Israels in Form einer aus vielen Einzelüberlieferungen gewachsenen Darstellung, die an den Weg Gottes mit seinem Volk erinnern will. Geschichtliche Erzählung und gläubige Deutung der Existenz Israels sind zu einer Einheit verschmolzen.

Welche historischen Vorgänge hinter der Glaubenserzählung stehen, lässt sich heute nicht mehr sagen. Fest steht: Die ganze Exodusgeschichte ist eine erzählerische Entfaltung der Beziehung Gottes zu seinem Volk, der Gotteserfahrung Israels. Auf dem langen Weg der gelungenen Flucht erfährt Israel seinen Gott (vgl. Ex 15,21); weshalb das Volk seine eigene Geschichte nur von Gott her (also gläubig) denken und deuten kann. So hat die Exodusgeschichte auch in den nachfolgenden Schriften des Ersten Testaments die Gottesvorstellung Israels immer wieder stark geprägt. Israel steht in seiner Geschichte vor dem Befreier JHWH, und dessen gnädiges Handeln kann das Volk nur glaubend und dankend an sich geschehen lassen. Dasselbe Volk sieht freilich auch, dass der Mensch lieber auf sich und seine selbst gemachten Götter baut als auf jenen JHWH, dem gegenüber es verantwortlich ist, d.h. auf dessen Anspruch es stetig zu antworten hat. Deshalb rügen die Propheten in aller Schärfe die Gottlosigkeit und Götzenverehrung Israels zur Zeit korrupter Könige. Hier machen die Propheten auch ihre Sozialkritik fest. In ihrer Argumentation, die heutige Menschen manchmal nur schwer nachvollziehen können, heißt es: Wenn JHWH der Garant für das Lebensrecht seines Volkes ist, das er ihm in der Befreiung aus der Knechtschaft in Ägypten und in der Landgabe in Kanaan gewährt hat, dann ist die Ausbeutung der Armen gleichbedeutend mit Gottlosigkeit, da ihnen Lebensmöglichkeiten entzogen werden. Denn Gottes Wille ist es, das Leben zu fördern.

2.5 Die biblischen Propheten

Hatte Israel seinen Glauben mit der Exoduserfahrung geschichtlich begründet, so konnte später die Heimkehr aus dem Exil als zweiter Exodus gedeutet werden (vgl. Jes 40–55). Die geglaubte Nähe Gottes zu seinem Volk in dessen konkreter Geschichte konnte so den JHWH-Glauben in schwerer Zeit neu zum Tragen bringen.

Wenn hier von *Propheten* die Rede ist, dann geht es nicht um Zukunftsvorhersagen. Viele Völker und Religionen haben ihre Prophetinnen und Propheten, doch nirgends spielten sie eine so große Rolle wie in Israel. Sie sagten zukünftige Ereignisse – zumeist Strafen – an, um so eine Umkehr in der Gegenwart zu erreichen. Für diese Beschreibung ihrer Aufgaben spricht, dass ihre prophetischen Botschaften überliefert wurden, selbst wenn die angedrohte Strafe nicht eingetroffen war. Bei ihrer Verkündigung beriefen sie sich unmittelbar auf Gottes Ruf. In Krisenzeiten haben sie oft ein schweres Schicksal auf sich genommen, um die Einhaltung seiner Weisungen, vor allem der sozialen Gerechtigkeit, zu fordern. Sie kritisierten das Volk und seine Könige, sie kündigten dem göttlichen Gnadenerweis vorausgehende Strafgerichte an oder sie trieben die Messiashoffnung voran.

Für die Juden erlosch das mit Mose beginnende Prophetentum nach dem Exil. Christen wiederum sehen in Johannes dem Täufer den letzten Propheten des Alten Bundes und glauben, dass

Gott sich in Jesus Christus zuletzt offenbart hat. In der Urkirche gab es Propheten daher nur noch als Deutende des Glaubens und Heiligen erkennt man prophetische Züge zu, wenn sie kritisch für Reformen eintraten.

Moses (rechts) gilt auch im Christentum und im Islam als prophetische Gestalt. Hier zeigt ihn eine islamische Buchdarstellung neben dem Propheten Mohammed.

Prophetie ist kein Wahrsagen und Hellsehen, sondern – in Abgrenzung vom Aberglauben – Verkündigung göttlicher Wahrheiten und Ratschlüsse. Propheten berufen sich auf Offenbarungen, durch die ihnen Augen und Ohren aufgegangen sind. Man glaubt von solchen Sehern, dass sie hellsichtiger als andere Gegenwart und Zukunft wahrnehmen und deuten können.
Ein immer wieder genannter Prophet ist **Amos**. Er stammte aus Tekoa im Südreich Juda nahe Jerusalem, wirkte aber als Prophet im Nordreich Israel im 8. Jahrhundert v. Chr. (vgl. Am 7,12). Die Zeit seines Auftretens war eine Zeit wirtschaftlicher Blüte, aber auch sozialer Gegensätze, die er anprangerte. Wegen seiner Kri-

tik an der Oberschicht, an den führenden Vertretern von Politik und Religion, musste er das Land verlassen (Am 7,1–13). Er ist ein Prophet, der Israel das unausweichliche Ende ansagte. Sein Buch ist in der Folgezeit mehrfach aus der Perspektive der Heilsbotschaft bearbeitet worden.

2.6 Welt und Mensch als Schöpfung

Ein grundlegendes Thema der Bibel ist die *Schöpfung*. Dabei ist interessant, dass am Anfang der Bibel zwei ganz unterschiedliche Schöpfungsgeschichten vorliegen: In Gen 1, 1–2, 4a steht die Sabbatruhe Gottes nach all seinem schöpferischen Tun im Mittelpunkt. Genaugenommen handelt es sich um ein hymnisches Lied, das im Gottesdienst gesungen wurde. Deshalb auch der Strophenaufbau mit dem Sechstagewerk, das in der Ruhe am siebenten Tag gipfelt. Die ganze Schöpfung ist hier eingeschlossen: Jedes Lebewesen kann sich erholen – eine interessante Botschaft, deren Sinn angesichts ökologischer Krisen in heutiger Zeit zu denken gibt. Aufmerksam wird der Leser von Gen 1,27 bei dem Wort vom Ebenbild Gottes. Nach dem Schöpfungslied (ein wohl von einem Priester verfasster Text) ist der Mensch als *Ebenbild Gottes* geschaffen (Gen 1,27). Diese Ebenbildlichkeit des Menschen ist nicht äußerliches Attribut; sie bezieht sich nicht auf sein Aussehen und seine Gestalt, sondern darauf, dass er vom Geist Gottes so geprägt ist, dass Mensch und Gott in Beziehung zueinander treten können. Darin liegt seine besondere Würde. Zugleich ist aber mit der Gottebenbildlichkeit auch die Bestimmung des Menschen benannt: Er soll der Sachwalter Gottes in der Schöpfung sein, Stellvertreter des Schöpfers in der Welt.
Mit dem göttlichen Auftrag, sich die Erde *untertan zu machen* und über die übrigen Geschöpfe zu *herrschen* (Gen 1,28), ist dem Menschen die Welt also nicht zu seiner freien und willkürlichen Verfügung übereignet. Dieser Auftrag bleibt gebunden an die Verpflichtung, im Auftrag des Schöpfers die Schöpfung in Ehr-

furcht vor dem Leben zu bewahren, so wie ein guter Herrscher die ihm Anbefohlenen schützt und schätzt.

Die zweite Schöpfungsgeschichte Gen 2,4b–3,24 konzentriert sich auf die Darstellung der Grundzüge des Menschseins, des Sündigwerdens und der göttlichen Gnade. Das Drama der Menschwerdung wird im Paradies (persisch Garten) lokalisiert.

Verbunden wird der Garten mit der Vorstellung von einer Stätte des Glücks, an der Adam (hebräisch der Erdling, der aus der Erde Geschaffene, der Mensch) ursprünglich in einem Zustand frei von Sünde, Schuld und Mühsal leben darf. Dort gibt es prächtige Bäume mit wohlschmeckenden Früchten, das Stammelternpaar hat die Aufgabe, den Garten zu bebauen und zu pflegen. Den Zustand der Glückseligkeit und Leidlosigkeit sowie die Nähe zum Schöpfergott verlieren die ersten Menschen, da sie vom verbotenen Baum des Wissens um Gut und Böse essen. Es kommt zum Bruch mit Gott und deshalb zur Vertreibung aus dem Paradies.

Viele Paradies- und Sündenfallerzählungen werden so gedeutet, dass die Verfasser nach dem Grund des Zustands dieser Welt fragen und die Antwort auf diese Frage retrospektiv in ein urgeschichtliches Geschehen zurückversetzen. Auch der Verfasser der biblischen Schöpfungserzählung hat rückschließend aus einer späteren heilsgeschichtlichen Erfahrung und Kenntnis des Leidens und Sterbens seinen Text aufgeschrieben und die Frage nach dem „Warum?“ zu beantworten gesucht. Warum leiden Menschen? Warum muss der Mensch, jeder Mensch, am Ende seiner Erdentage sterben? Warum wird er *beerdigt*? Die Antwort der legendenartigen Geschichte weist in die Richtung, dass Menschen aus der Erde von Gott geschaffen sind, um wieder zur Erde zurückzukehren. Der biblische Schriftsteller will vermitteln: Der Bruch mit Gott ist Ursache des Bösen in der Welt.

Nicht die Erschaffung der Welt soll in der Bibel also erklärt werden, vielmehr wird ein Verständnis der Welt aus dem Glauben an Gott als den Schöpfer vermittelt. Daraus ergibt sich eine entscheidende Verantwortung für den Menschen (↗ S. 117–127).

Im NT wird die Kenntnis der Hebräischen Bibel vorausgesetzt, etwa die Wertschätzung des Sabbats als einem Ziel der Schöpfung Gottes (Gen 1,1–2,4 a). Jesus kennt den Sabbat. Wie fasst er den Sinn des Sabbats auf? Darf am Sabbat geheilt werden? Welche Funktion ist ihm zugedacht? Vielfach ist von Theologen behauptet worden, Jesus setze sich über das Sabbatgebot hinweg. Zutreffend dürfte es sein, dass er den Sabbat hält, aber ihn dem Wohl des einzelnen Menschen unterordnet, etwa wenn es um eine Heilung am Sabbat geht (vgl. z. B. Mk 3,1–6; Mt 12,9–14; Lk 6,6–11).

Lern-Check: Teste dein Wissen!

Kapitel „Bibel und Tradition“	O.K. ✔	Das muss ich noch mal lesen
Ich kann den Aufbau und die Entstehungsgeschichte der Bibel sowie ihre Bedeutung für Christen heute erläutern.		S. 18–20
Ich kann zwischen der Bibel und einem Geschichtsbuch unterscheiden und die Unterschiede erläutern.		S. 18, 19
Ich kann darlegen, inwiefern sich der TaNaCh, die Bibel der Juden, von der Sammlung der Schriften des AT und NT, der Bibel der Christen, unterscheidet.		S. 19, 20
Ich kenne die Verfasser der Evangelien, die Evangelisten und kann erklären, warum drei Evangelisten als Synoptiker bezeichnet werden.		S. 21–23
Ich kann den Prozess der Kanonbildung der Heiligen Schrift beschreiben.		S. 20
Ich kann die Zweiquellentheorie erläutern, an eingängigen Beispielen belegen und kann auch verdeutlichen, warum es wohl eine sogenannte „Logienquelle“ gegeben haben muss.		S. 21, 22
Ich kann das Grundanliegen von Textkritik, Literarkritik, Formgeschichtlicher Methode und Redaktionsgeschichte vortragen und erläutern, dass es auch noch weitere methodische Zugänge zu biblischen Texten gibt.		S. 24, 25
Ich kann literarische Formen in der Bibel (wie Gleichnisse und Wunder) unterscheiden und erklären, inwiefern damit auch das Problem der Geschichtlichkeit berührt ist.		S. 25–29
Ich kann Abraham als „Stammvater des Glaubens“ für Juden, Christen und Muslime charakterisieren.		S. 30

→

Kapitel „Bibel und Tradition“	O. K. ✔	Das muss ich noch mal lesen
Ich kann die Bedeutung des Exodus für Juden und Christen erläutern.		S. 30–32
Ich kann die Bedeutung der biblischen Prophetie für Israel und für die Kirche darstellen.		S. 32–34
Ich kann die biblischen Texte über die Schöpfung interpretieren und den Anspruch erläutern, der im Wort vom Menschen als „Ebenbild Gottes“ liegt.		S. 34–36

Die Frage nach Gott

3.1 Was es heißt, wenn von „Glauben" gesprochen wird …

> Frau Meyer glaubt, dass sie sich die Krankheit im Urlaub geholt hat.
> Der sechsjährige Klaus glaubt nicht, dass Schiffe aus Stahl schwimmen können.
> Die meisten religiösen Menschen glauben an ein Weiterleben nach dem Tod.
> Sandra glaubt fest, dass ihr langjähriger Freund sie sehr liebt.
> Christen glauben an Gott, den allmächtigen Vater.

Eine Reihe von Äußerungen, in denen der Begriff *Glauben* vorkommt. Was auffällt: Das Wort *Glauben* ist mehrdeutig und wird in unterschiedlichen Zusammenhängen jeweils verschieden gebraucht. Drei Bedeutungen sollen hier näher in den Blick genommen werden:

1 Zunächst wird *glauben* im Sinne *von nicht genau wissen, vermuten* verwendet. *Glauben* in diesem Sinne regt im praktischen Leben wie in der Wissenschaft nicht selten zu weiteren Nachforschungen an und ist als Durchgang zu gesichertem Wissen wichtig. Wie aber das Glauben bzw. Vermuten gelegentlich ein Übergangsstadium zum sicheren Wissen sein kann, so wird *Glauben* häufig doch auch als direkter Gegensatz zum Wissen aufgefasst.

2 In einem zweiten Sinn kann *glauben* bedeuten: *einer anderen Person Vertrauen schenken*. Diese Art von Glauben zeigt sich in Sätzen wie: *Ich glaube an dich*, *Ich glaube dir*. Glauben bezeichnet demnach kein Verhältnis des Menschen zu Sachen, Sätzen oder Formeln, sondern stellt ein Verhältnis zu Personen dar. Das lateinische *credere* enthält den Stamm von *cor* und *dare*, sein Herz geben. Es geht um den Zugang zur Erkenntnis der Person. Daraus folgt: Glauben ist nicht eine vorläufige oder geringere Form des Wissens, sondern Erkenntnis, die dort ansetzt, wo es um die Erkenntnis der Person geht. Für die Verwirklichung des menschlichen Lebens ist sie weit über die Erkenntnis von Sachen und Sachverhalten zu stellen.

3 Die dritte Weise des Glaubens finden wir im religiösen Bereich. Wenn wir in unserem Leben auf Grenzsituationen stoßen, drängt sich uns die Frage nach Gott bzw. der Religion auf. Ein Freund stirbt und das reißt die Frage nach dem Warum auf. Ein Kind wird geboren und bringt uns zum Staunen über das Wunder des Lebens. Wie diese Situationen ausgelegt werden, ist nicht eindeutig festzulegen, wird aber in unserem Kulturkreis unausweichlich auch zur Konfrontation mit der Gottesfrage und zur Anfrage an unser Leben durch solche Menschen führen, die ihren Glauben bekennen. Wir sind herausgefordert, Stellung zu beziehen. Wer diesen Anspruch der Religion nicht leichtfertig ablehnen, zugleich aber auch nicht kritiklos anerkennen will, dem bleibt eine Prüfung dieser Personen auf ihre Glaubwürdigkeit hin nicht erspart.

Ein solcher religiöser Glaube ist eine Haltung des Vertrauens gegenüber Personen, denen abgenommen wird, dass sie tatsächlich Gottes Wort verkünden. Der religiöse Glaube ist jedoch nicht einfach die natürliche Konsequenz menschlichen Vertrauens. Es gilt vielmehr auch: Der Glaube ist Geschenk Gottes. Das bedeutet: Der Glaube wird nicht erzwungen, er bleibt die freie menschliche Tat, zugleich ist er aber – in christlicher Deutung – Tat Gottes am Menschen.
Der religiöse Glaube beinhaltet – nach christlichem Verständnis

– ein Vertrauen auf Jesus Christus und den gnädigen Gott. Glauben ist ein persönliches Vertrauensverhältnis zu Gott und die Annahme dessen, was Gott *sagt*.
Welchen Sinn hat es, den religiösen Glauben in einer festen Gebetsform zu bekennen? Das apostolische **Glaubensbekenntnis** und auch das etwas ausführlichere nizänisch-konstantinopolitanische Glaubensbekenntnis aus dem 4. Jahrhundert haben alle christlichen Kirchen gemeinsam. Dass es also in allen Kirchen gesprochen wird, bringt die Verbundenheit aller Christen zum Ausdruck. Durch das Bekenntnis wird zudem der Glaube nach außen hin bezeugt und eine deutliche Abgrenzung gegenüber anderen Überzeugungen und Lehren vollzogen. Im Gottesdienst ist das Glaubensbekenntnis die Antwort des Menschen auf Gottes gnädiges Handeln.

3.2 „Wie stellst du dir Gott vor?“

Wenn Christen im Gottesdienst gemeinsam das Glaubensbekenntnis sprechen, dann stellt sich für den einen oder anderen die Frage, ob wirklich alle in der Gemeinschaft dasselbe glauben. Oder verbindet trotz identischen Wortlauts jeder für sich eine andere Vorstellung mit dem, was gesprochen wird, besitzt jeder eben ein eigenes Gottesbild?

> „Wie stellst du dir Gott vor?“ „Diese Frage ist bemerkenswert blöde. Ich kenne keinen vernünftigen Erwachsenen, den es interessiert, wie Gott aussieht . . .“ So die evangelische Theologin Dorothee Sölle. Und sie fährt fort: „Ich stelle mir Gott nicht vor, weder als Vater noch als Taube, noch als Weltraum oder sonst wie. Meine Beziehung zu Gott hat mit ‚Vorstellen‘ nichts zu tun. Falls meine Kinder mich das fragen würden, dann würde ich ihnen ein Foto zeigen von einem kleinen indischen Mädchen, das Hunger hat. Dann würde ich sagen: ‚So sieht Gott aus.‘ Und am nächsten Tag ein Foto von einem Jungen hinter Stacheldraht. Und sagen: ‚So sieht Gott aus.‘“

Aus dem Gesagten können zwei Gedanken weiterführen. Erstens: Es besteht die Gefahr, Gott mit Dingen dieser Welt, mit Geschaffenem, Materiellem in welcher Form auch immer zu verwechseln. Zum Zweiten: Dorothee Sölle würde ihren Kindern eine Hilfe geben, wenn sie nach Gott fragen. Denn ganz ohne ein *Bild* kommen die wenigsten Menschen aus, wenn von Gott die Rede ist. Selbst von Jesus sind viele Metaphern und Gleichnisse überliefert, in denen er anschaulich erzählt, dass bei Gott Maßstäbe herrschen, die alles menschliche Begreifen überschreiten. Seine Geschichten beschreiben, wie es aussieht, wenn Gott die Herrschaft über die Herzen der Menschen erlangt. Aber Gleichnisse sind nur Gleichnisse. Die *Wirklichkeit* treffen sie nie ganz, besonders wenn es um Gott geht, von dem es im 1. Johannesbrief heißt, dass ihn kein Auge je gesehen hat. So ist bei jedem *Bild* von Gott, sei es mit Worten oder mit dem Pinsel gezeichnet, daran zu denken: Gott ist ganz anders und immer unendlich viel größer, als unser menschlicher Geist sich vorzustellen imstande ist. Man denke hier auch an das biblische Bilderverbot (vgl. etwa Dtn 5,8: „Du sollst dir kein Gottesbild machen.").

Wenn Gott nun jedes menschliche Erkennen übersteigt, wie ist es dann überhaupt möglich, Gott konkret im Leben zu erfahren? Menschen belegen die Überzeugung, Gott erfahren zu haben, mit unterschiedlichen Begebenheiten: Eine Bergwanderung in den Alpen kann angesichts der Naturschönheiten den Gedanken an Gott wachrufen. Ein feierlicher Gottesdienst kann betroffen machen und zur Gottesbegegnung werden. Das Wissen um eine überstandene Lebenskrise kann für die Zukunft Hoffnung und Kraft geben, das Leben im Vertrauen auf Gott weiter zu gestalten. Wer sich bedingungslos geliebt fühlt, ahnt vielleicht etwas von der Geborgenheit in Gott oder von seiner Güte und Barmherzigkeit. Wenn jemand Verantwortung für andere übernimmt, kann er dies als Berufung, als Anspruch Gottes empfinden …
Schon bei diesen Beispielen wird deutlich, dass ein Ungläubiger eine jeweils andere Deutung vornehmen könnte, bei der von Gott

nicht die Rede ist. Dass solche Erfahrungen mit Gott in Verbindung gebracht werden, ist eben auch eine Sache der Voreinstellung.

Auf denkerischem Weg hat man vor allem in den sogenannten Gottesbeweisen versucht, Gott nahezukommen. Aber einen im naturwissenschaftlichen Sinne stringenten Gottes„beweis" kann es natürlich nicht geben. So gehen philosophische Positionen zur Gottesfrage auch extrem auseinander: Im **Deismus** wird Gott als Schöpfer der Welt gesehen, dessen Existenz sich aber nicht auf das menschliche Schicksal auswirke. Der **Pantheismus** sieht Gottes Wirken in jedem Vorgang der Natur und im Leben der Menschen, denn die Welt sei das Gewebe der Gottheit. Die Anhänger des **Atheismus** schließlich leugnen Gottes Existenz, während **Agnostiker** die Frage nach Gott für nicht beantwortbar halten und sie daher in der Schwebe lassen wollen.

In den großen Weltreligionen neben dem Christentum spiegeln sich diese Ansätze zum Teil. Der Buddhismus lässt die Frage nach Gottes Existenz offen. Im Hinduismus kann man pantheistische Züge („in allem ist Gott") erkennen. Die Einzigartigkeit und Größe, Erhabenheit und Barmherzigkeit Gottes werden im Judentum und im Islam jeweils anders akzentuiert.

3.3 Grundzüge christlichen Gottesverständnisses

Christen erfahren von Gott durch die Bibel, die durch die Kirche als einer Gemeinschaft von Glaubenden überliefert wird. In der Hebräischen Bibel wird erzählt, wie Israel Gott z. B. als Gegenüber des Menschen, als Bundespartner, als Herrn der Geschichte, als ethische Instanz oder als Schöpfer erfährt.

JHWH ist der am häufigsten in der Hebräischen Bibel genannte Gottesname. So wird in Ex 3,14 f. der Name JHWH in der Rede an Mose genannt. Die Rabbinen verbanden mit dieser Namenbezeichnung Gottes Mitleid, während die Bezeichnung „Elohim" Gottes strenge Gerechtigkeit im Blick hat. So erklärt ein jüdischer Kommentar:

> Mit dieser Angelegenheit verhält es sich wie mit einem König, der ein paar leere Kelche hatte. Der König sprach: „Wenn ich heißes Wasser in sie gieße, werden sie bersten. Wenn ich kaltes Wasser in sie gieße, werden sie brechen!" Also vermengte der König kaltes und heißes Wasser, und er goss es hinein, und die Kelche waren unversehrt. So sprach auch Gott: „Wenn ich die Welt mit dem Attribut der Gnade schaffe, wie kann sie bestehen? Also werde ich sie mit beidem erschaffen, auf dass sie bestehe."

Aus dem Judentum stammt auch der Gedanke, dass Gott deshalb unterschiedliche Eigenschaften zugeordnet werden, damit wir diese guten Eigenschaften selbst in unserem Leben anstreben:

> Wenn Gott *barmherzig* und *gnädig* genannt wird, so sei auch du barmherzig und gnädig. Wenn Gott *gerecht* genannt wird, so sei auch du gerecht. Wenn Gott *treu* genannt wird, so sei auch du treu. „Du sollst nach dem Ewigen, Deinem Gott eifern" (Dtn 13,4). Wie aber soll ein Mensch Gott nacheifern können, der doch „ein verzehrendes Feuer" (Dtn 13,24) ist? Es bedeutet: Gottes Eigenschaften nachzueifern – kleide den Nackten, besuche den Kranken, tröste den Trauernden, begrabe den Toten.

Aus Ehrfurcht vor dem Namen Gottes wird JHWH im Judentum nicht ausgesprochen. Stattdessen werden Umschreibungen oder unpersönliche Passivkonstruktionen verwendet.

Im NT wird Jesus als jemand geschildert, der ganz in der Tradition Israels steht. Sein Verhältnis zu Gott ist bewusst und innig: Gott redet er – ganz in dem vorgegebenen Rahmen jüdischer Traditionen – mit *Abba* an – wie ein Kind seinen Vater. Der Gott

Jesu erscheint gerecht und zugleich voller Güte den Menschen gegenüber. Aber das NT bekennt auch: Gott offenbart sich in der Gestalt Jesu als leidender Mensch in der *Torheit* des Kreuzes.

Das **Dogma der Trinität** (d. h. der „Dreifaltigkeit") rührt aus dem Bemühen der jungen Kirche, jüdisches und griechisches Denken in Verbindung zu bringen: „ein Gott in drei Personen". Der **Monotheismus** des Judentums mit seinem Bekenntnis „Höre Israel, JHWH, unser Gott ist einzigartig ..." soll gewahrt bleiben. Zugleich soll die Göttlichkeit Jesu Christi bekannt werden, und schließlich soll die Gegenwart des Geistes Gottes zum Ausdruck kommen. Die Sprache des Dogmas der Trinität ist für viele moderne Menschen eher unverständlich, weil sie geistesgeschichtlich aus einer anderen Zeit mit fremden Denkansätzen stammt. So wird aber auch bewusst, dass es sich letztlich um ein Geheimnis handelt, dass Gott unergründlich ist und bleibt. Daneben regt die Lehre von der **Dreifaltigkeit Gottes** zum Nachdenken darüber an, wie – der sich selbst offenbarende – Gott erfahrbar werden kann: in der Welt als deren Schöpfer; in Jesus Christus, wie er sich in Liebe Menschen zuwendet; im Glauben an den Heiligen Geist wiederum vertraut die Gemeinschaft der Glaubenden darauf, dass Gott auch weiterhin sein Volk nicht alleine lässt.

Die christliche Lehre von der Dreifaltigkeit Gottes versucht etwas über das Leben Gottes in Worte zu fassen: Gott lebt konkret als Vater, Sohn und Heiliger Geist. Diese drei sind jedoch keine Personen im Sinne der Alltagssprache. Vielmehr sind sie Beziehungen im Lebensvollzug des einen und einzigen Gottes, zu dem auch Jesus selbst wie auch seine Jünger („Vaterunser") gebetet haben. Die göttliche Einheit zerfällt nicht in *drei Götter*, weil jede dieser göttlichen Personen (= Beziehungen) mit dem einen Wesen Gottes identisch ist.
Anders als bei der Erschaffung der Welt, von Gott aus dem Nichts in die Wirklichkeit gesetzt, teilt sich Gott selbst den Menschen mit als der dreifaltige Gott, als Vater, Sohn und Heiliger Geist.

Dadurch werden die Menschen in die Zirkulation des einen göttlichen Lebens miteinbezogen.
Christlicher Glaube an die Dreifaltigkeit Gottes ist also Monotheismus. Dieser Befund bleibt für das Gespräch zwischen den Religionen von großer Wichtigkeit, um den Verdacht des Tritheismus oder gar des Polytheismus zu entkräften.

3.4 Kann die Existenz Gottes „bewiesen" werden?

> Als der sowjetische Kosmonaut Gagarin aus seiner Raumkapsel klettert, in der er die Erde mehrmals umkreist hat, verkündet er: „Ich habe dort oben Gott nicht entdeckt." Demgegenüber gibt der amerikanische Astronaut John Glenn zu bedenken:
> „Die Ordnung, die allenthalben im Universum herrscht, vom kleinsten atomaren Gebilde bis zu gewaltigen Sternensystemen, sollte sich das alles durch Zufall ergeben haben? Hat da nur irgendwelches kosmische Treibgut plötzlich die von selbst geordneten Bahnen eingeschlagen? Ich kann es nicht glauben. Dem allen liegt deutlich ein Plan zugrunde. Und das ist eines der großen Dinge dort draußen im Weltraum, die mir beweisen, dass es einen Gott gibt."

In der Geschichte ist wiederholt der Versuch unternommen worden, die Existenz Gottes zu beweisen. Dahinter steht die Überzeugung, dass sich die göttliche Dimension sondern auch der erkennenden menschlichen Vernunft erschließt. Man unterscheidet zunächst drei klassische Typen von **Gottesbeweisen**:

- Der **ontologische Gottesbeweis** geht davon aus, dass der Begriff eines vollkommenen Wesens notwendig dessen reale Existenz einschließt, da dieses Wesen sonst nicht als *vollkommen* gedacht werden könnte.
- Der **kosmologische Gottesbeweis** schließt von der Zufälligkeit der Welt auf eine notwendige, ihr zugrunde liegende erste Ursache (Gott).

- Der **teleologische** oder auch **physikotheologische Beweis** sieht in der Ordnung und Zweckmäßigkeit der Welt ein höheres Wesen am Werk. Diese Gottesbeweise gelten als widerlegt, seit Immanuel Kant die in ihnen geübte Vorgehensweise einer vernichtenden Kritik unterzog.

Zusätzlich zu den klassischen Typen sind noch weitere Ansätze geltend gemacht worden.

- Der **moralische Gottesbeweis** setzt Gott als letzte Instanz für die Begründung von Moral voraus.
- Der **ethnologische Beweis** beruft sich darauf, dass es immer schon bei allen Völkern den Glauben an etwas Göttliches gegeben habe, und folgert daraus die Existenz eines göttlichen Prinzips.

Wie überzeugend sind diese Beweise? – Grundsätzlich wird im Hinblick auf den Sinn des Begriffs zu bedenken sein, dass es ganz unterschiedliche Arten von Beweisen mit unterschiedlichen Gewissheitsgraden gibt: Ein mathematischer Beweis wird wohl kaum in Zweifel gezogen werden, aufgrund eines juristischen Indizienbeweises sind allerdings schon Fehlurteile gefällt worden. So darf ein Gottesbeweis nicht im Sinne eines mathematischen Beweises missverstanden werden. Vielmehr hat ein Gottesbeweis nur Hinweischarakter, da er in seiner Argumentation anfechtbar ist. Trotz dieser Fragwürdigkeit der Gottesbeweise sind sie berechtigt, da sie in der Auseinandersetzung mit dem jeweiligen geschichtlichen Wahrheitsbewusstsein *Gott* zur Sprache bringen wollen. Gleichwohl wird hier die Grenze menschlichen Erkennens deutlich. Gottesbeweise können allenfalls *Hinweise* sein auf eine *höhere bzw. andere Wirklichkeit*, die dem Glauben vorbehalten bleibt. Man muss sich immer klarmachen, dass jeder Versuch eines Beweises Gott zu einem Objekt unserer Erkenntnis erniedrigt, denn die göttliche Dimension überschreitet (transzendiert) unendlich unsere *Wirklichkeit* und unser Denkvermögen. Ein *bewiesener Gott* wäre folglich nicht mehr als ein Götze.

„Gott" und „Götzen"

Geld, Fernsehen, Fußball – das alles sind Dinge, die das Leben interessanter und abwechslungsreicher machen. Es ist schon ganz richtig, daran seine Freude zu haben. Aber in diesen Dingen liegt auch eine verborgene Gefahr. Wenn sich nämlich alles nur noch um Fußball dreht, kommt Einseitigkeit ins Leben. Beziehungen zu anderen Menschen werden vernachlässigt. Was letztlich im Leben Wert und Bedeutung haben sollte, gerät aus dem Blick. Fußball: „die herrlichste Nebensache der Welt!" – So sollte es bleiben.

Auf die Gefahr für den Menschen, wenn Nebensächliches zur Hauptsache wird, macht schon die Bibel aufmerksam. Im ersten Gebot des **Dekalogs** (der sogenannten 10 Gebote) heißt es: „Ich bin JHWH, dein Gott ... du sollst keine anderen Götter neben mir haben!" Damit waren zunächst sicherlich Mächte gemeint, die als Götzen verehrt wurden, z. B. die Natur mit ihrer Fruchtbarkeit, Tiere, Bäume, Sonne und Mond. In einem tieferen Verständnis dieses Gebots kann aber deutlich werden: Der eifersüchtige JHWH fordert Ausschließlichkeit nicht um seiner selbst willen, sondern vielmehr zugunsten des Menschen, der sich erst in seinem Verhältnis zu Gott ganz entfalten kann. Alles, was diese Lebens- und Beziehungsfähigkeit zerstört und den Menschen unfrei werden lässt, ist gegen Gottes Willen und somit Ausdruck einer falschen Lebensorientierung, also *Götzendienst*.

Das biblische **Bilderverbot** (vgl. Ex 20,4; Dtn 5,8) hat mit der Gefahr von Götzendienst zu tun. Es kann, wie historisch-kritische Exegese verdeutlicht, als Ergebnis eines längeren Ringens und Reflektierens verstanden werden. Es gehört wohl in seiner endgültigen Fassung in die Zeit des jüdischen Exils im 6. vorchristlichen Jahrhundert. Neben Sabbatgebot und Beschneidung gilt es seitdem als eines der drei Konfessionsmerkmale jüdischen Glaubens. Zunächst dürfte das Bilderverbot im Kontext des Fremdgötterverbots zu sehen sein, um die Einzigartigkeit JHWHs zu betonen. Erst im 3./4. Jahrhundert wurden von Juden und Christen Bilder geduldet, wie u.a. die Ausgrabungen der Synagoge von Bet Alpha aus dem 6. Jahrhundert bezeugen. Mit der Katakombenmalerei – zunächst nur skizzenhaft auf Wesentliches beschränkt – wird unter der Erde das gebräuchlich, was in der offiziellen christlichen Lehre immer noch verpönt war und was erst im Laufe der folgenden Jahrhunderte langsam Anerkennung fand. Von oben zunächst missbilligt, verschaffte sich an der Basis die Hoffnung des Glaubens in Bildern Ausdruck. Erst im 8. Jahrhundert konnte sich nach erbittertem *Bilderstreit* und *Bildersturm* allmählich eine kirchliche Akzeptanz in größerem Umfang durchsetzen. Bilder, anfangs nur als Ausnahme, als Ausdruck des Glaubens von theologisch Ungebildeten toleriert, wurden zur Regel. Schließlich verbreitete sich sogar der Gedanke: Wenn in Jesus Christus das Göttliche eine Personalunion mit dem Menschlichen eingegangen ist, Christus daher als das Bild Gottes zu glauben sei, dann dürfe man Bilder nicht ablehnen, um dogmatisch korrekt von der Menschwerdung Gottes zu denken. Eine Eigenart griechischer Sprache begünstigte diese Entwicklung: Dasselbe Wort *graphein* steht für *schreiben* wie für *zeichnen/malen*. Der Unterschied zwischen Schreiben und Malen konnte so nahezu verwischt werden. In der Folgezeit kam es immer wieder zum Streit um das Bild. In der Reformationszeit weist Luther die Verehrung von Bildern zurück, gestattet aber deren Gebrauch in der kirchlichen Unterweisung. „Mit den Bilderstürmern halte ichs nicht", war Luthers Überzeugung. Bilder aus der Heiligen Schrift und aus *guten Historien* waren dem Reformator, der bedeutende Künstler zu seinen Freunden zählte, lieb und wert. Ganz anders Jean Calvin: Er verwarf die Bilder ganz entschieden und steht so im Gegensatz zu Katholiken und Orthodoxen.

Der Blick in die Geschichte des Bilderstreits zeigt:
Die Christen haben das biblische Bilderverbot anfangs voll respektiert. So ist das Christentum seinem Ursprung nach keine Bildreligion, vielmehr ist es Wortreligion. Weder historisch-zeitmäßig noch theologisch-rangmäßig stehen Bilder auf der

> gleichen Stufe wie das Wort Gottes. Es wäre Missbrauch, wenn Bilder dazu dienten, sich Gottes zu bemächtigen. Das Bilderverbot gilt weiter für die Abbildung Gottes oder der Trinität. Immer muss die Unverfügbarkeit und Freiheit Gottes gewahrt bleiben. Gottesbilder dürfen dementsprechend nur gezeigt werden, um Grenzüberschreitungen zu verdeutlichen.

„Gott" in der kirchlichen Kunst

Als Beispiel einer bildhaften – zuweilen als nicht legitim empfundenen – Darstellung Gottes kann der Gnadenstuhl gelten, der seit dem 12. Jahrhundert in der Kunst verbreitet ist: Gottvater thront auf einem Stuhl und weist auf seinen für die Menschen gestorbenen Sohn hin. Zwischen den beiden oder über Gottvater und Jesus schwebt der Heilige Geist in Gestalt einer Taube. (Es gibt auch Darstellungen, bei denen Gottvater ein Kreuz in Händen hat, sowie die Ausführung, bei der Gottvater den Leichnam Christi auf dem Schoß hält.)

Beim Gnadenstuhl handelt es sich um eine völlig neue Bildschöpfung des abendländischen Mittelalters. Den Begriff kennt nur die deutsche Sprache. Auch bei Luther ist dieses Wort zu finden. Es ging im Mittelalter und in der Reformationszeit zunächst nicht primär um eine Darstellung der drei göttlichen Personen, sondern entscheidend war, dass

> „Gottvater das Kreuz in Händen hält, sei es, um es wie ein Opfer anzunehmen, sei es, um es als das ‚hilasterion', das Sühnemittel, der Menschheit zu reichen. Es war also nicht in erster Linie die Absicht, die Trinität darzustellen, die den Gnadenstuhl entstehen ließ, sondern das Verlangen, jenes Mysterium der (katholischen) heiligen Messe anschaulich zu machen, in dem der Erlöser zugleich das Opfer ist und sich als das Opfer darreicht. (...) Dem widerspricht nicht, dass sich der Gnadenstuhl rasch von seinem ursprünglichen Entstehungsanlass gelöst hat. Seit dem 13. Jahrhundert kommt er in ganz verschiedenartigen Zusammenhängen vor." *(Wolfgang Braunfels)*

Festzuhalten bleibt: Das damalige Verständnis der Messe ist die eigentliche Begründung für diesen Darstellungsversuch des trinitarischen Gottes. Die Einbettung in eine hierarchische Herrschaftsideologie ist eine Fehlform.

Ein „Gnadenstuhl" – eine mittelalterliche Gottesdarstellung

Biblisch legitimiert erschien im Mittelalter die Abbildung Gottes im Gnadenstuhl unter Berufung auf Hebr 4,15.16:

> Wir haben ja nicht einen Hohenpriester, der nicht mitfühlen könnte mit unserer Schwäche, sondern einen, der in allem wie wir in Versuchung geführt worden ist, aber nicht gesündigt hat. Lasst uns also voll Zuversicht hingehen zum Thron der Gnade, damit wir Erbarmen und Gnade finden und so Hilfe erlangen zur rechten Zeit.

Dieses Beispiel aus der Kunst macht schon deutlich, wie schwierig es ist, dem Geheimnis der Trinität näherzukommen.

> Von Augustinus, dem Kirchenvater aus Nordafrika, wird erzählt, er sei einst am Meer spazieren gegangen und habe über das Geheimnis der göttlichen Dreifaltigkeit nachgedacht. Er bemerkte ein Kind, das mit einem Eimerchen Wasser aus dem Meer in einen kleinen abgegrenzten Bach schöpfte. Interessiert fragte der Bischof: „Was tust du denn da?" „Ich möchte das Meer in meinen Teich umfüllen!" Augustinus lachte: „Das wird dir nie gelingen!" Das Kind richtete sich auf und sprach zu ihm: „Ich mache es ebenso wie du: Du willst mit deinem kleinen Verstand das Geheimnis des dreieinigen Gottes begreifen!"

3.5 „Warst du in Stalingrad lieb, lieber Gott?"

Eine Anfrage, die den Glauben vieler ins Wanken bringen kann, ist die nach dem empfundenen Widerspruch zwischen menschlichem Leiden und dem Glauben an einen gütigen und allmächtigen Gott. „Warst du in Stalingrad lieb, lieber Gott?", fragt Beckmann, der Heimkehrer aus russischer Kriegsgefangenschaft, in dem Drama von Wolfgang Borchert „Draußen vor der Tür". Mit dieser Frage ist der Kerngedanke des Theodizeeproblems angesprochen: Inwieweit lässt sich angesichts all des Leidens in der Welt, angesichts des Todes, angesichts unaufhebbarer sozialer Misere sowie unheilbarer körperlicher und geistiger Krankheiten oder auch Behinderungen noch von einer göttlichen Allmacht, Weisheit, von der Güte Gottes und seiner Schöpfung reden? Kann man nach Auschwitz und Hiroshima noch an einen Gott glauben, dessen Wesen die Liebe sein soll?
Eine endgültige Antwort zu finden, ist schwer. Fest steht nach christlichem Glauben an die göttliche Dreifaltigkeit: Gott ist nicht der ferne Gott, der „von oben her" die Geschicke der Menschen lenkt. Daher ist die Frage, ob es einen Gott geben kann,

der so viel Böses zulässt, falsch gestellt. Das Problem der „Rechtfertigung Gottes“ wurde besonders von dem Philosophen G. W. Leibniz eingehend bedacht. Er prägte den Begriff **Theodizee** (1710).

Lern-Check: Teste dein Wissen!

Kapitel „Die Frage nach Gott“	O. K. ✔	Das muss ich noch mal lesen
Ich kann beim Begriff „Glauben“ zwischen einer alltagssprachlichen und einer religiösen Dimension unterscheiden.		S. 39
Ich kann darlegen, worin der Unterschied zwischen einem „Gottesbild“ und der „Wirklichkeit Gottes“ besteht.		S. 41–43
Ich kann alltägliche Gottesvorstellungen darlegen und Stellung beziehen.		S. 41–43
Ich kann zwischen Deismus, Pantheismus, Atheismus und Agnostizismus unterscheiden.		S. 43
Ich kann Grundzüge christlichen Gottesverständnisses erläutern.		S. 43–46
Ich kann verschiedene Gedankengänge erläutern, die die Existenz Gottes plausibel machen wollen, und kann die Möglichkeiten und Grenzen der Beweisbarkeit Gottes beurteilen.		S. 46, 47
Ich kann den Anspruch erläutern, der in der biblischen Rede von Gott im Dekalog und hier vor allem im Bilderverbot zum Ausdruck kommt.		S. 48–50
Ich kenne Formen der Darstellung Gottes in der christlichen Kunst und kann einzelne, etwa die mittelalterliche Darstellung des Gnadenstuhls, beurteilen.		S. 50–52
Ich kann erläutern, dass die Frage nach dem letzten Grund des Leides intellektuell nicht beantwortet werden kann, dass aber der christliche Glaube an das Mitleid Gottes Menschen im Leid Kraft geben kann.		S. 52, 53

Jesus Christus

4.1 Wer war Jesus?

War Jesus nur ein Schwärmer, der am Kreuz scheiterte? Da Jesus keine Autobiografie geschrieben hat, bilden die Evangelien die einzige bedeutsame Quelle, die Auskunft über seine Person gibt. Doch wäre es missverstanden, die Evangelien als eine Niederschrift des irdischen Lebens Jesu zu verstehen. Sie sind in erster Linie Glaubenszeugnisse. In ihnen schlägt sich der Glaube nieder, dass Jesus der auferstandene und erhöhte Herr ist. Deshalb wird auch Jesu irdisches Leben unter einem bestimmten Blickwinkel gesehen: Im Rückblick erscheint Jesus den ersten urchristlichen Gemeinden bereits zu Lebzeiten als Messias, Erlöser, Gottes Sohn.

Außerhalb des NTs, bei jüdischen und griechisch-römischen Schriftstellern (Josephus, Tacitus, Plinius der Jüngere, Sueton) wird Jesus zwar erwähnt, doch haben die knappen Notizen keinen Informationswert. Ihnen ist nur zu entnehmen, dass Jesus eine historische Person und keine Erfindung war. Da die Evangelien keine biografischen Berichte und die außerbiblischen Quellen ohne nennenswerte Bedeutung sind, ist zu fragen, ob sich überhaupt Sicheres über Jesus von Nazareth, d.h. den irdischen, historischen Jesus, sagen lässt. Die Evangelien sind zwar primär Glaubenszeugnisse, unverkennbar ist jedoch auch historisches Material enthalten. So ist es mithilfe der historisch-kritischen Methode – wenn auch nur begrenzt – möglich, ihnen biografische Notizen zu entnehmen, die der Person Jesu konkretere Züge verleihen.

Die religiöse Wurzel für Jesu Taten und Wort liegt in seiner Erfahrung als Jude. Er ist ein „religiöser" Mensch, über Gott meditierend, mit Gott im Dialog. Im Judesein liegt ein Schlüssel, um ihn besser zu verstehen.

4.2 Jesus in historischer und geografischer Sicht

Als gesicherte Grunddaten seines Lebens gelten, dass er zwischen 8–4 v. Chr. geboren wurde. Er war Jude und wuchs in Nazareth/Galiläa in einer armen Familie auf. Sein Vater Joseph war Zimmermann und auch Jesus wird vermutlich diesen Beruf erlernt haben. Seine Mutter hieß Maria. Vor seinem öffentlichen Auftreten mit ca. 30 Jahren ließ Jesus sich von Johannes dem Täufer taufen. Danach zog er als Wanderprediger durch Galiläa und sammelte Anhänger um sich. Von einigen Gruppen seines Volkes wurde er wegen seiner Einstellung gegenüber den geltenden Gesetzen abgelehnt. Um das Jahr 30 n. Chr. wurde Jesus festgenommen, vom römischen Statthalter Pilatus wegen Volksaufwiegelung zum Tode verurteilt und in Jerusalem am Kreuz standrechtlich hingerichtet.

Diese äußeren Daten geben jedoch noch keinen Einblick in sein Tun, sodass sich die Frage stellt, welche Aussagen und Handlungen dem historischen Jesus zugeschrieben werden können. Charakteristisch für das Wirken Jesu ist seine Verkündigung des Reiches Gottes. Von ihr her bestimmen sich nicht nur seine Handlungen, sondern auch sein Selbstbewusstsein: Jesus verkündet nicht sich selbst. Im Mittelpunkt seines Lebens steht Gott, der dabei ist, seine Herrschaft aufzurichten. Das ist die Sache, die Jesus vertritt. Aber wenn er in seiner Antrittspredigt in der Synagoge von Nazareth feststellt, dass sich die Gottesherrschaft heute, in seiner Predigt, in seinen Wundertaten, in seinem Kommen ereignet, dann gehört er notwendig in diese *Sache* hinein.

In seinen Mahlgemeinschaften mit Zöllnern und Sündern setzt sich Jesus über religiöse und soziale Schranken hinweg. Wenn man weiß, dass damals Mahlgemeinschaften eine tief religiöse Dimension hatten – man war in Gemeinschaft vor Gott zusammen –, dann ist hier Humanität und Mitgefühl angesprochen. Hier können Menschen erkennen, wie die Liebe Gottes konkret wird.

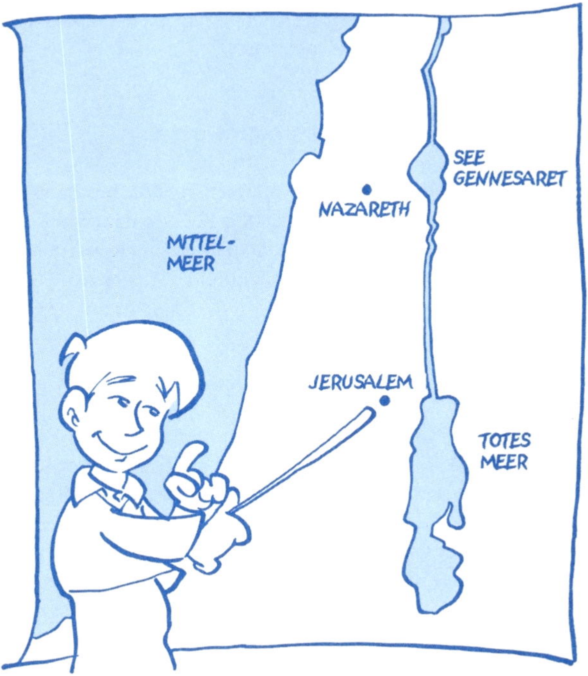

Der Weg Jesu führt nach dem Markusevangelium von Nazareth nach Jerusalem.

Jesus selbst hat sich nicht als Messias bezeichnet. Die Autorität, mit der Jesus sprach und handelte, brachte jedoch die ersten Christen dazu, Jesus als *Sohn Gottes*, *Messias*, *Herr (Kyrios)* usw. zu bezeichnen. Von ihren Begegnungen mit dem Auferstandenen her konnten sie das Wirken Jesu auf Erden von Beginn an als das Wirken des Gottessohnes begreifen. Für sie gab es keine Trennung zwischen irdisch und himmlisch, menschlich und göttlich, vielmehr bildeten irdischer Jesus und erhöhter Christus vom Osterglauben her eine Einheit, die in dem Titel *Jesus Christus* ihren umfassenden Ausdruck fand.

4.3 Jesu Botschaft: das Reich Gottes

Die Rede vom Anbruch der Gottesherrschaft bildet das Zentrum der Verkündigung Jesu. Auf den ersten Blick scheint das Reich Gottes in ferner Zukunft zu liegen. Und doch sagt Jesus im Markusevangelium zu Beginn seines öffentlichen Auftretens:

> Die Zeit ist erfüllt, das Reich Gottes ist herbeigekommen. Kehrt um und glaubt an das Evangelium. *(Mk 1,15)*

Diese Sätze sind im Präsens formuliert, von Vertröstung kann hier keine Rede sein. Jetzt ist die Zeit gekommen, jetzt steht das Reich Gottes unmittelbar bevor (Naherwartung). Wie lässt sich diese Aussage erfassen? Offensichtlich steht sie doch im krassen Widerspruch zur erlebten Realität: Jesus lebte vor fast 2 000 Jahren und erwartete in Kürze das Kommen des Reiches Gottes. Hat er möglicherweise umsonst gewartet oder ist das Reich Gottes gekommen, nur haben wir Menschen es nicht erkannt? Wenn dem so ist, wo ist dann das Gottesreich zu finden, wie sieht es aus?

Die jesuanische Verkündigung vom Reich Gottes basiert auf der jüdischen Vorstellung, dass Gott weltweit seine Herrschaft aufrichten wird. Seit ca. 200 v. Chr. bis in das erste nachchristliche Jahrhundert hinein konzentrierte sich die Hoffnung Israels darauf, dass die beschwerliche Gegenwart, die gekennzeichnet war durch griechische bzw. römische Unterdrückung, endet und die neue heilvolle, ewige Herrschaft Gottes anbricht. Die Frage: *Was ist unter solchen Umständen zu tun?*, fand unterschiedliche Antworten. Die Zeloten bekämpften die Römer und glaubten, so das Kommen des Reiches Gottes zu beschleunigen; in der Apokalyptik, d. h. der Richtung von Juden, die das Ende der Welt vor Augen hatte, wurde entschieden, die *Zeichen der Zeit* zu beobachten und sich zu gedulden; die Pharisäer meinten, durch treue Gesetzeserfüllung das Reich Gottes mit aufzubauen.

Für Jesus ist das Reich Gottes keine zukünftige Größe, es reicht bereits in die Gegenwart hinein. Das Gleichnis vom Unkraut unter dem Weizen und seine Deutung in Mt 13,24–30.36–43 zeigt, was gemeint ist: Mit Jesu Kommen, in seiner Verkündigung und seinen Taten ist die Gottesherrschaft bereits angebrochen, ihre endgültige Vollendung steht allerdings noch aus. Das Wortpaar *schon da – aber noch nicht offenbar* versucht das Spannungsverhältnis, das zwischen dem Angebrochensein des Reiches Gottes und seiner Vollendung besteht, zum Ausdruck zu bringen.

Bezeichnend für Jesu Botschaft vom Reich Gottes ist sein Sprechen in Gleichnissen. In ihnen wird deutlich, dass das Gottesreich keine mit fest umrissenen Begriffen beschreibbare Größe ist, vielmehr lässt sich von ihm nur in metaphorischer Form von Vergleichen sprechen. Ein Beispiel mag dies illustrieren:

> In dem Gleichnis von den Arbeitern im Weinberg (Mt 20,1–15) wird von einem Gutsbesitzer berichtet, der Männer für die Arbeit in seinem Weinberg anstellt. Von morgens bis abends geht er immer wieder auf den Markt, um Arbeiter anzuheuern; selbst eine Stunde vor Arbeitsende stellt er noch einige ein. Als es um die Auszahlung des Lohnes geht, erhalten alle den

> gleichen Lohn, ob sie nun eine oder zwölf Stunden gearbeitet haben. Verständlich, dass die murren, die den ganzen Tag geschuftet haben, denn, was der Gutsbesitzer tut, ist ungerecht, wenn gelten soll: Leistung muss sich lohnen.

Die Verkündigung Jesu besagt also: Gottes Wirklichkeit durchbricht unsere Wirklichkeit. Im Reich Gottes gelten andere Maßstäbe. Nicht nach ihrer Leistung werden Menschen bemessen, sondern gefragt wird nach dem, was alle nötig haben; in der Gleichniserzählung sind es Arbeit und Lohn, um leben zu können. Güte und Liebe, die bedingungslos allen gleich zukommen, sind Prinzipien des Handelns Gottes, wie es in dieser Parabel zur Sprache gebracht wird.

4.4 Leiden, Tod und Auferstehung

Zu den gesicherten Tatsachen des Lebens Jesu gehört, dass Jesus von Nazareth am Kreuz hingerichtet wurde. Dabei handelt es sich um eine römische Form der Hinrichtung, die als besonders grausam und diskriminierend galt und von den Römern aufständischen Freiheitskämpfern auferlegt wurde. Darauf weist auch die Angabe des Hinrichtungsgrundes über dem Kreuz hin: „König der Juden". Demnach soll Jesus eine Art Bandenführer gewesen sein, so wie es bei den Zeloten, die gegen die römische Herrschaft kämpften, Bandenführer gab. Die Vorstellung von Jesus als politischem Aufrührer übersieht allerdings, dass die Unterschiede zwischen Jesus und den Zeloten groß sind. Seine jüdischen Gegner konnten aber leicht einen Vorwand finden, um eine politische Anklage gegen Jesus vorzubringen.
Ihm wurde vorgeworfen, falscher Prophet und Gotteslästerer zu sein. Jesus geriet zwischen die Mühlsteine der Mächtigen und wurde von Pilatus zum Tode verurteilt. So weit der – wahrscheinlich – historische Ablauf der Passion und des Todes Jesu.

4.5 Vom Glauben an die Auferstehung

Für den, der daran glaubt, dass Jesus der verheißene Messias ist, genügt es nicht, lediglich die Tatsache des Todes Jesu herauszustellen. Sein Tod gewinnt eine tiefere Dimension. Jesu Leiden und Sterben wird nicht nur als menschliche Tat gesehen, sondern als „Heilstat Gottes" und „freiwillige Selbsthingabe Jesu". Der Glaube bekennt: Gottes Sohn ist Mensch geworden; die Liebe und Menschenfreundlichkeit Gottes ist unter den Menschen erschienen. Und diese Liebe Gottes reicht so weit, dass er seinen Sohn hingab bis zum Tode am Kreuz. – Der Tod Jesu wird von den Christen als äußerste Konsequenz seines mutigen Auftretens und vor allem als Zusammenfassung und Summe seiner Botschaft betrachtet. Er verdeutlicht für sie, worum es Jesus ging: Das Kommen der endzeitlichen (eschatologischen) Herrschaft Gottes, die Jesus bereits für die Gegenwart ansagte. Da diese Herrschaft den Inbegriff des Heils darstellt, schließt die Deutung des Todes Jesu dessen Heilsbedeutung mit ein. In seinem Leben wie in seinem Sterben erweist sich Jesus für den Glaubenden als derjenige, der ganz für andere da ist. Darin könnte man geradezu die Charakterisierung seines tiefsten Wesens sehen. Hierin bekennt der christliche Glaube die Person gewordene Liebe Gottes für die Menschen. So lässt sich sagen, dass der Tod Jesu die letzte Zusammenfassung seines gesamten Wirkens darstellt. Jesus gewinnt nicht erst in seinem Sterben für Christen Heilsbedeutung, aber in seinem Tod gewinnt diese Heilsdimension letzte Endgültigkeit.

Auferstehung ist die Zentralaussage des christlichen Glaubens über das Heilshandeln Gottes am gekreuzigten Jesus von Nazareth. Begriff und Gedanke wurden aber nicht erst in neutestamentlicher Zeit entworfen, sondern gehen zurück auf das vorchristliche Judentum.

Das Judentum nach dem Exil spricht oft von der Erwartung der endzeitlichen Aufrichtung der Herrschaft Gottes (Jes 43,15; 44,6;

Sach 14,9.16 f.; Jes 24,1–23): JHWH wird sich gegen alle kosmischen Mächte und irdischen Herrscher durchsetzen und über alle Völker herrschen, und auch den Tod wird er für immer vernichten (vgl. Jes 25,8). Die Gewissheit, dass Gott aus der Gewalt des Todes herausführt, bezeugt unter anderem Ps 49. Israel hatte ja über Jahrhunderte hinweg die geschichtliche Glaubenserfahrung mit JHWH gemacht und seinen unbedingten Beistand durch alle Krisen hindurch kennengelernt. Aus dem Glauben an den aus dem Tod errettenden JHWH ist die Hoffnung auf die Auferstehung der Toten in sich konsequent. Letztlich will also der Glaube des Judentums die Herrschaft Gottes in der Geschichte bezeugen.

Ein wichtiger jüdischer Text ist 2 Makk 7, das Martyrium der sieben Brüder um der Gesetzestreue willen. Dort sprechen die Brüder ihre im Glauben an JHWH gründende Hoffnung aus: „Der König der Welt wird uns zu einem neuen, ewigen Leben auferwecken ...“ Ähnliches sagt das Buch der Weisheit aus dem 1. Jahrhundert v. Chr., das den Frommen in der todüberwindenden Gemeinschaft mit Gott sieht: „In den Augen der Menschen werden sie (die Gerechten) gestraft, doch ihre Hoffnung ist voll Unsterblichkeit“ (Weish 3,4). An solche Vorstellungen des Judentums konnte das Frühchristentum mit seinem Auferstehungszeugnis anknüpfen. Für den Glauben an Gott im christlichen Sinne schafft der jüdische Auferstehungsglaube ein wichtiges Vorverständnis. Dennoch ist der Osterglaube nicht völlig identisch mit der jüdischen Überlieferung. Das NT bezeugt den Osterglauben vielfältig und das hat sich auch literarisch unterschiedlich niedergeschlagen. Wir kennen Bekenntnissätze wie „Gott hat Jesus auferweckt“ o. Ä., sodann die Grabes- und Erscheinungserzählungen der Evangelien. Diese bezeugen zwar dasselbe Geschehen, aber in erzählerischer Form. Ostern ist kein historisches Ereignis, sondern übersteigt die Geschichte.

Was hat die Christen dazu gebracht, davon zu sprechen, Jesus sei nicht im Tode geblieben? Man kann das nicht einfach mit den

Mitteln der Gegenständlichkeit ausdrücken, denn nicht nur das, was wir mit unseren Augen sehen oder mit den Händen greifen, ist *wirklich* und *wahr*. Die Jünger kamen – das lässt sich auch historisch sicher sagen – nach dem Karfreitag wieder zusammen und bezeugten den gekreuzigten Jesus als bei Gott Lebenden. Zugleich beteten und opferten sie weiter im Tempel (Apg 2,46). Erscheinungen hatten ihnen den toten Jesus lebendig vor Augen geführt und damit ihren Glauben neu begründet.

Diese Erfahrung, die die Jünger mit dem Gekreuzigten gemacht hatten, konnten sie dann sprachlich mit Begriffen deuten, die ihnen das Judentum vorgegeben hatte, z. B. mit dem Begriff *Auferweckung/Auferstehung*. Wenn Gott also am toten Jesus gehandelt hat, so der Osterglaube, dann wird er auch an uns Leben stiftend handeln, mehr noch, er wird die Welt umwandeln, um in allem und über alles der Herr zu sein (vgl. 1 Kor 15,28).

4.6 Christus im Streit der Meinungen

Was bedeutet es, sich auf den Glauben an Jesus als den *Sohn Gottes* einzulassen? – Mit der Ausbreitung des Christentums im kleinasiatischen Raum wird die Frage der Heilsbedeutung Jesu Christi zum Problem. Die neutestamentlichen Aussagen über Jesus Christus, die geprägt sind durch die Vorstellungswelt der Hebräischen Bibel, können von Menschen des griechischen Kulturkreises nur schwer verstanden werden, am ehesten noch dann, wenn sie auf die Septuaginta, die griechische Bibelübersetzung, zurückgreifen können. Damit wird es notwendig, dass Christen ihren Glauben mit den Mitteln des hellenistischen Denkens formulieren. Auf der Grundlage des philosophisch-religiösen Denkens der Antike wurde so in der Christologie besonders die Frage erörtert, wie sich Gott zu Jesus bzw. die göttliche Natur Jesu zu seiner menschlichen Natur verhält. Man ging also weniger von der Funktion als vom Wesen Christi aus.

Die Schwierigkeiten dieser Positionen werden deutlich bei der Frage nach der Heilsbedeutung des Todes Jesu: Bezieht sich das Sterben Christi auf die menschliche oder auch auf die göttliche Seite Jesu? Wenn nur ein *Mensch* am Kreuz starb, wie kann dieses Sterben dann heilskräftig sein? Wenn aber nur *Gott* in einem menschlichen Scheinleib am Kreuz starb, welche Bedeutung hat dann dieser Tod für die Menschen?

Das Glaubensbekenntnis des Konzils von Chalcedon (451) schließt den christologischen Streit ab. Darin heißt es:

> Der eine und selbe (Jesus Christus) ist vollkommen der Gottheit und vollkommen der Menschheit nach, wahrer Gott und wahrer Mensch …, wesensgleich auch uns seiner Menschheit nach … Wir bekennen einen und denselben Christus, der in zwei Naturen unvermischt, unverwandelt, ungetrennt und ungesondert besteht.

Mit dem Streit um Christus während der ersten christlichen Jahrhunderte sind im Grundsatz spätere Konflikte inhaltlich vorweggenommen. Auch heutige Kontroversen lassen sich als Variationen der frühchristlichen Auseinandersetzungen sehen.

Lern-Check: Teste dein Wissen!

Kapitel „Jesus Christus“	**O. K. ✔**	**Das muss ich noch mal lesen**
Ich kann bei der Beschäftigung mit der geschichtlichen Gestalt Jesu zwischen Glaubensbekenntnis und historischen Fakten unterscheiden.		S. 55
Ich kann Jesus von Nazareth historisch und geografisch in seine Zeit und Umwelt einordnen.		S. 56–58
Ich kann Jesu Botschaft vom Reich Gottes in Grundzügen darstellen.		S. 58–60
Ich kann Leiden, Tod und Auferstehung Jesu in ihrer Bedeutung für einen Christen erläutern.		S. 60
Ich kann den Glauben an die Auferweckung/Auferstehung Jesu als Zentralaussage des christlichen Glaubens herausarbeiten.		S. 61–63
Ich kann darlegen, dass der Glaube an Jesus Christus zum Streit der Meinungen in seiner Anhängerschaft geführt hat und wie das Konzil von Chalcedon diesen Streit im Glaubensbekenntnis zu lösen versuchte.		S. 63, 64

5 Kirche und Kirchen

5.1 Kirche(n) als Gebäude

Wer an Wochenenden das Kloster Maria Laach oder die Wieskirche besuchen will, wird nur mit Mühe einen Parkplatz finden. Während immer weniger Menschen regelmäßig am Gottesdienst teilnehmen, hat die Zahl kunsthistorisch motivierter Kirchenbesucher deutlich zugenommen. Dabei ist es interessant, die uns heute oft verborgenen Absichten hinter den architektonischen Zeugen der Vergangenheit zu entdecken.

Der Kirchenbaustil der **Romanik** (950–1150) weist römische Formelemente wie Rundbogen, Pfeiler, Säule, Gewölbe auf. Anders als es der Name vermuten ließe, gingen bei diesem Baustil die entscheidenden Impulse von Deutschland aus. In der Romanik liegt zum ersten Mal seit der Antike ein Stil vor, in dem das christliche Abendland als Einheit erscheint. Die Übernahme römischer Elemente verdeutlicht, wie stark sich die Kirche mit ihrem westlichen Zentrum Rom verbunden fühlte.

Die auf die Romanik folgende Richtung der **Gotik** entstand in Frankreich und wurde in West- und Mitteleuropa aufgegriffen. Ein neues Raumgefühl steigerte den Kirchenbau zu enormer Höhe. Um den entstehenden Gewölbedruck zu tragen und abzuleiten, waren im Inneren Kreuzrippengewölbe nötig, außen mussten Strebebögen und Strebepfeiler errichtet werden. Bündelpfeiler, Spitzbögen, hohe Fenster und Fensterrosen sind charakteristische Merkmale des gotischen Stils, der mit seinen aufstrebenden Elementen das Streben des Menschen nach *oben*, zu Gott hin, darstellte.

Mit der **Renaissance** (ca. 1350–1550) setzte sich ein Kirchenbaustil durch, wie er sich im Petersdom in Rom zeigt. *Rückbesinnung auf das Erbe der Antike* war im Humanismus das Programm dieser aus Italien stammenden Kunstrichtung und Architektur. Im Rückgriff auf Götter und Mythen römischer und griechischer Religion scheute man sich nicht, *heidnisches Erbe* anklingen zu lassen, was schließlich den Gedanken an eine Reformation folgerichtig erscheinen lässt.

Im Kirchenbau löste der **Barock** (ca. 1550–1750) die Renaissance ab. Die starke Bewegtheit der Grundformen, die gebrochenen Giebel, reicher Schmuck der Innenräume und deren malerische Gestaltung wollten ein festliches Raumgefühl vermitteln, das den *Himmel auf Erden* in seiner Pracht bereits hier und jetzt erahnen lassen sollte.

Es versteht sich von selbst, dass der Barock in seiner katholischen Sinnenfreude von den Anhängern der eher schlichten reformierten und lutherischen Kirchen nicht in gleicher Weise aufgenommen wurde. So lässt sich auch in der späteren Kirchenarchitektur die unterschiedliche Glaubenshaltung in einer Vielfalt der Kirchenbaustile entdecken. Viel eher als in früherer Zeit bringen moderne Kirchenbauten so in der jeweiligen Gestaltung ihre Vorstellung von Kirche zum Ausdruck: z. B. die Einschätzung des Wortes Gottes in der Platzierung der Kanzel oder das Verständnis von Gemeinde als Volk Gottes in der Art, wie Bänke oder Stühle zum Altar hin gestellt werden.

5.2 Kirche – mehr als nur Gebäude

Montagsdemonstration in Leipzig: Vor der Demokratisierung in der DDR Ende 1989 gab es dort einen Ort, an dem Meinungsfreiheit möglich war, den Raum der Kirche. Zunächst waren es nur ganz wenige – eine Handvoll Christen, die sich zum Gebet in der Nicolaikirche trafen, später wurden es mehr und mehr, bis der Raum die Menschen nicht mehr fassen konnte. Die evangelische Kirche spielte – von allen anerkannt und respektiert – eine Vorreiterrolle im Demokratisierungsprozess. So wie sich Kirche hier gezeigt hat mit ihrem entschiedenen Eintreten für die Bedrängten und Unterdrückten, so war sie wohl im Sinne Jesu. Denn Jesus suchte zunächst die Gemeinschaft – vor allem die Mahlgemeinschaft – mit Zöllnern, Sündern, seinen Jüngern und Jüngerinnen. Ein Zeichen der Verbundenheit, der Solidarität mit allen Menschen sollte gesetzt werden. Mit einer kleinen Zahl von Menschen fing alles an. Die Zwölfergruppe der Apostel war Jesu engster Kreis: Menschen, die ihm nachfolgten und nach seinem Tod das Evangelium verbreiteten.

Als eigentliche Geburtsstunde der Kirche gilt das Pfingst-Ereignis (Apg 2). Die Verzweiflung über das schmähliche Ende Jesu am Kreuz schlägt um in *Be-Geisterung* für Jesus und das, was er verkündet hatte. In Erinnerung an Ostern erkannten seine Jünger, dass es nicht folgenlos geblieben war, was sie mit Jesus während der Wanderjahre durch Galiläa, Judäa und Samaria erfahren hatten. Sie waren sich nun sicher und bekannten ihren Glauben: „Jesus lebt. Er ist auferweckt worden!"

Schon bald verlassen die Jüngerinnen und Jünger Jerusalem und gehen nach Kleinasien, Griechenland und Italien, um dort das Evangelium zu verkünden. Durch ihre Mission kommt es zu immer mehr Gemeindegründungen. Mit dem Anwachsen der Gemeinden bilden sich eigene Leitungs- und Dienstämter aus, z. B. das Bischofs-, Diakonats-, Priester- und Presbyteramt. Die Ausbildung von festen Ämtern, die Sammlung der Gemeinden unter einer Leitung war praktisch gesehen eine Notwendigkeit, die das Überleben der jungen Kirche in einer jüdischen und heidnischen Umwelt ermöglichte. Die Vorteile einer solchen festen Organisationsform liegen auf der Hand: Die Kirche erhält ihr charakteristisches Profil, sie bietet somit Identifikationsmöglichkeit für die Gläubigen, sie bewahrt Festigkeit gegenüber Angriffen von außen, sie bleibt überlebensfähig. Gleichzeitig birgt die feste Form auch Nachteile. Die Kirche steht immer in der Gefahr, starr und intolerant sowohl gegenüber historischen Entwicklungen als auch gegenüber Andersdenkenden zu sein. Der Schritt zur kompromisslosen Abgrenzung ist dann schnell vollzogen.

Kirche ist eine Gemeinschaft von Menschen, die an Jesus Christus glauben. Glaube an Jesus Christus aber heißt konkret Nachfolge. Nachfolge äußert sich in Gottesdienst, Verkündigung, Dienst an Mitmensch und Gesellschaft. Durch die Taufe wird der Einzelne in die Kirche aufgenommen. Der Geist Gottes befähigt zur Wahrnehmung der Aufgabe von Kirche, d. h. zum Dienst für Gott und die Menschen. Taufe, Eucharistie/Abendmahl und Geistgabe sind das über die Konfessionen hinweg einigende Band.

Die geringe Zahl der Gottesdienstbesucher und der Rückzug vieler Gläubiger aus dem Gemeinde- ins Privatleben zeigt, dass die Kirche in heutiger Zeit an gesellschaftlicher Bedeutung verloren hat. Die Tendenz zum Privatchristentum geht jedoch am Kern christlichen Selbstverständnisses vorbei. Christ-Sein und somit Glaube an Gott ist auch Sache von Gemeinschaft.

Kirche hat die Aufgabe, sich um das Wohl von Menschen zu sorgen; sie sieht, dass Menschen unter Schuld und Unvollkommenheit leiden. So versucht sie, einen Weg zu zeigen, damit Leben gelingen kann. Gebet, Gottesdienst, Sakramente und Seelsorge sind Angebote, das, was Jesus nach dem Bekenntnis des Glaubens *für uns* getan hat, für jeden Menschen zugänglich und erfahrbar zu machen. Doch orientiert sich die Kirche nicht nur am Zukünftigen, Jenseitigen. Kirche ist immer auch Kirche in der Welt. Sie trägt die Verantwortung für die weitere Entwicklung der Welt mit. Von daher ist die Kirche eine überaus wichtige gesellschaftliche Größe.

Für viele Christen ist Gemeinde der Ort, an dem sie Kirche konkret erfahren können. Die Gemeinde ist somit erheblich mehr als nur Teil der Gesamtkirche. In jeder Gemeinde, im Gottesdienst, in der Verkündigung, im Gemeindeleben, verwirklicht sich die ganze Kirche. Wird dieses Verständnis ernst genommen, dann zeigt sich die Bedeutung, die dahintersteckt: Durch das gemeinschaftliche Tun, durch das eigene Engagement in der Gemeinde kann jeder dazu beitragen, Kirche mitzugestalten und ihr ein für alle sichtbares Profil zu geben.

5.3 Liturgie und Sakramente

Zentral für die Liturgie (die Form des Gottesdienstes) ist die Feier der **Eucharistie/des Abendmahles** neben dem Wortgottesdienst. Wegen seines gemeinschaftsbildenden Charakters hat das Mahl-Halten bereits besondere Bedeutung in der biblischen Überlieferung. Juden feiern das Pessach-Mahl zur Erinnerung an die Befreiung aus Ägypten. Jesus hat gerade mit den Randgruppen Israels Mahl gehalten als Zeichen seiner Zuwendung. Schließlich hat er vor seinem Gang zum Kreuz mit seinen Jüngern das Abschiedsmahl als Zeichen seiner über den Tod hinausgehenden Verbundenheit mit ihnen gefeiert. Davon erzählen die Evangelisten Markus, Matthäus und Lukas sowie Paulus (Mt 26,26–29; Mk 14,22–25; Lk 22,19–20; 1 Kor 11,23–25). Die Texte sind in Einzelheiten sehr unterschiedlich; sie verfolgen nicht die Absicht, den historischen Ablauf des Abendmahls zu protokollieren, sondern sollen die Erinnerung an Jesus wachhalten, der seinen Jüngern seine bleibende Gegenwart zugesagt hat. Gemeinsam sind den Texten *Brotbrechen* mit *Brotwort* („Das ist mein Leib") sowie das *Becherwort* („Das ist mein Blut"), womit Jesus jeweils auf seine Person und eigene Hingabe hindeutet. Die Überlieferung vom letzten Mahl ist Grundlage auch für die heutige Eucharistiefeier der katholischen Kirche und die Feier des Abendmahls in den Kirchen der Reformation.

In der Kirchengeschichte kam es verschiedentlich zu Auseinandersetzungen darüber, wie die Gegenwart Christi in den Gestalten von Brot und Wein zu denken sei. Dieses Verständnis ist auch

heute noch kirchentrennend, etwa wenn es um die Frage der „realen Präsenz von Leib und Blut Christi" im Sakrament geht. Ein **Sakrament** ist im Christentum übrigens ein **Symbol**, in dem – nach dem Glaubensverständnis – die Beteiligten Gott und Mensch sind; das heißt, nicht die zwischen-menschliche Beziehung steht im Vordergrund, durch die Sakramente treten Gott und Mensch in eine besondere Beziehung zueinander.
Das Sakrament ist so äußeres Zeichen dafür, dass die in Leben, Tod und Auferstehung Jesu geschehene Erlösung auch für die Menschen heute innerlich wirksam wird.

Die katholische Kirche kennt sieben Sakramente: **Taufe**, **Eucharistie**, **Firmung**, **Bußsakrament**, **Ehe**, **Priesterweihe** und **Krankensalbung**. Die protestantischen Kirchen kennen zumeist nur zwei: die **Taufe** und das **Abendmahl**. Sakramente wollen existenzielle Hilfen an den Wende- und Knotenpunkten des eigenen Lebens sein.
Theologen aller christlichen Konfessionen versuchen heute das Gemeinsame im Verständnis des Abendmahls als eines Sakramentes herauszustellen und Möglichkeiten zu finden, das Trennende zu überwinden.

5.4 Aufgaben von Kirche: Liturgía – Diakonía – Martyría

In der evangelischen wie in der katholischen Kirche wird das Jahr nach Festen geordnet, wobei das **Kirchenjahr** jeweils mit dem ersten Advent beginnt. Weihnachten, Ostern und Pfingsten sind Stationen auf dem Weg zum Fest der Dreifaltigkeit, auch Trinitatis genannt. Die katholische Kirche kennt zahlreiche Heiligenfeste, spezifisch für die evangelische Kirche wiederum ist das Reformationsfest. Feiern der Liturgie an den Festen des Kirchenjahres gehört zum Dienst der Kirche. **Liturgie** (griech. *Dienst*) meint dabei die äußere Gestaltung des Gottesdienstes in geregelten Formen. Die Formen werden getragen von Elementen des Wortes, der Musik, der Kunst, der Dichtung, des Spiels und verschiedener Medien (z. B. Mikrofon, Dias usw.).

Nach dem **II. Vatikanischen Konzil** (Vatikanum II, 1962–1965) wurde in der katholischen Kirche eine Erneuerung der Gottesdienstformen versucht. Kriterium dafür, welche Formen beibehalten bzw. verändert wurden, war, inwiefern diese eine bewusste Mitfeier und tätige Teilnahme der Gemeindemitglieder am Gottesdienst ermöglichen. Einschneidendste Veränderung war dabei neben der Einführung des muttersprachlichen Gottesdienstes unter Verzicht auf das traditionelle Latein die Mitgestaltung der Liturgie durch Laien innerhalb der Gemeinden.

Neben dem liturgischen Handeln der Kirche liegt eine ihrer wesentlichen Aufgaben in der **Diakonie**, im Dienst am Nächsten. Wer den Begriff *Diakonie* hört, denkt wahrscheinlich zunächst an das Diakonische Werk der evangelischen Kirche, wo Dienst an Alten, Kranken, Behinderten, Strafgefangenen oder Suchtgefährdeten geleistet wird. Die Entsprechung auf katholischer Seite ist die Caritas. Diakonie ist aber nicht nur organisierter Dienst, sondern kann jede Tat christlicher Nächstenliebe bezeichnen. In der katholischen Kirche arbeitet der Deutsche-Caritas-Verband (zum größten Teil mit staatl. Geldern) als Dachorganisation der katholischen Sozialverbände. Er koordiniert die karitative Hilfe mit rund 250 000 hauptberuflichen Mitarbeitern, betreut Altenheime, Krankenhäuser, Müttergenesungsheime, Jugendheime, Kindergärten. Insgesamt stehen nahezu 25 000 Einrichtungen mit über 1 Million Plätzen zur Verfügung.

Zur Zeit des NTs verstand man unter Diakonie (griech. *Dienst*) neben der Hilfe für die Armen, Bedürftigen und Leidenden wie auch der Verkündigung u. a. sogar das Bedienen bei Mahlzeiten, etwa beim Agapemahl und beim Abendmahl der christlichen Gemeinden. Der gemeinhin wenig geachtete Dienst bei Tisch ist dabei Ausdruck der Nachfolge Jesu in der tätigen Nächstenliebe, die bei ihm Ausdruck der anbrechenden Gottesherrschaft ist. Nach Lukas (Lk 22, 27 ff.) unterstreicht Jesus den Rang des Dienens, indem er zu den Jüngern spricht:

> Der Größte bei euch werde wie der Geringste und der Fürst wie der Dienende. Denn: Wer ist größer – der zu Tisch liegt oder der dient? Nicht der zu Tisch liegt? Ich aber bin in eurer Runde wie der Dienende.

In dem von Jesus verkündeten Reich Gottes liegt also die tiefste biblische Begründung von Diakonie, die damit für christliches Leben zentrale Bedeutung erlangt. Der Dienst an den Geringeren drückt nach Mt 25,40 die Beziehung zu Jesus selbst aus:

> So viel ihr nur einem dieser meiner geringsten Brüder getan – mir habt ihr es getan!

Vom kirchlichen Verständnis her bedeutet der Begriff Caritas (lat. *Liebe*) zunächst, dass der Christ durch den Dienst am Nächsten nach Jesu Vorbild leben soll. Die Kirche übt durch die materielle, seelische und gesundheitliche Hilfe ihrer Mitglieder Solidarität mit den Notleidenden in der Gesellschaft, in erster Linie also den Randgruppen und Kranken.

Bei dem diakonischen/karitativen Handeln der Kirche ist der Gedanke der Nachfolge wesentlicher Impuls. In den Evangelien des NTs steht dieser Aufruf zur Nachfolge am Beginn der Jesusüberlieferung. Jesus ruft seine Jünger zum Verlassen des bisherigen Lebens in die Nachfolge (vgl. Mk 1,16–20). Nachfolge Jesu bedeutet: ihm bis zum Kreuz nachgehen (Lk 9,23 ff.), allen Besitz weggeben (Mk 10,17–31). In der Nachfolge soll das in Jesus gesetzte Vertrauen konkret werden, unverstellt von allen Sicherungen und allem Besitz. Nachfolge ist hier keine isolierte Tugend oder Forderung, sondern die Annahme des wirklichen Lebens

mit all seinen Widersprüchen im Vertrauen auf den Nazarener, der den Weg des Kreuzes gegangen ist und sich so mit dem leidenden Menschen solidarisiert hat.
Neben Liturgie und Diakonie kann das Zeugnisgeben, die **Martyría**, als drittes Kennzeichen von Kirche gelten. Das Bekennen des Glaubens ist dabei in enger Verbindung zur tätigen Nächstenliebe zu sehen.

5.5 Kirche ist immer wieder zu reformieren

Nicht immer wird Kirche ihrem eigenen Anspruch gerecht. So kommt es zu Veränderungen, zu Reformen oder gar zur Reformation (d. h. Erneuerung, hier der katholischen Kirche).

Martin Luther

Die **Reformation** im Deutschland des 16. Jahrhunderts ist untrennbar verknüpft mit den Namen der großen Reformatoren **Luther**, **Calvin** und **Zwingli**. Mit Martin Luthers Veröffentlichung von 95 Thesen am 31. Oktober 1517 wird gemeinhin der Beginn der Reformation zeitlich festgesetzt. Da Luther zahlreiche Missstände in der Kirche beim Namen nannte, erhielt er großen Zulauf.

Die Entdeckung der Buchdruckerkunst ermöglichte die Verbreitung seiner Predigten, Streitschriften und der ins Deutsche übertragenen Bibel. Mit den religiösen gingen auch soziale Reformbemühungen Hand in Hand. Ursprünglich religiös motiviert, gewann die Reformation in den deutschen Ländern eine politische Dimension (Forderung nach sozialer und zum Teil politischer Gleichheit u. a. durch Thomas Müntzer). Außerhalb Deutschlands verfolgten Johannes Calvin und Huldreich Zwingli ähnliche Reformen wie Martin Luther.

Einige wichtige Lebensdaten Luthers: Am 10. November 1483 wurde er in Eisleben/Thüringen geboren. Nach seiner Schulzeit in Mansfeld, Magdeburg und Eisenach studierte er auf elterlichen Wunsch hin Rechtswissenschaft. 1505 trat er allerdings in den Orden der **Augustinereremiten** ein, um ein Gelübde zu erfüllen, das er aus Angst in einem schweren Gewitter abgelegt hatte. 1507 wurde er zum Priester geweiht. Er hielt als Theologieprofessor Vorlesungen über die Ethik des Aristoteles und über die Heilige Schrift. In dieser Zeit beschäftigte ihn die Frage: Wie bekomme ich einen gnädigen Gott? Luthers Antwort darauf lautet: Nicht die Werke rechtfertigen den Menschen, sondern allein durch den Glauben werde der Sünder mit Christus verbunden.

Mit dieser Lehre stützte sich Luther auf Paulus, der den Weg der Gesetzeserfüllung zur Rechtfertigung des sündigen Menschen für untauglich hält und als einzige Möglichkeit menschlicher Rechtfertigung nur den Weg des Glaubens an Christus gelten lässt. Gott, so sagt Paulus vor allem im Römerbrief, ist durch den Tod Jesu auf den Menschen zugekommen und hat ihm den Zugang zur göttlichen Wirklichkeit neu eröffnet. Damit hat Gott den Bund mit dem Menschen erneuert und die Beziehung zwischen Mensch und Gott auf eine neue Basis gestellt.

Paulus bestreitet dem Menschen die Möglichkeit, das eigene Heil selbst zu bewirken, und sei es durch noch so viele gute Werke. Auch sie können nicht darüber hinwegtäuschen, dass der Mensch ein begrenztes Wesen ist, das des liebenden und rettenden Handelns Gottes bedarf. Diese Einsicht hatte schon dem Judentum zugrunde gelegen, Paulus hat sie aber dann in die Mitte seines Christusverständnisses gerückt.

Die **Rechtfertigungslehre** des Paulus hat Luther neu entdeckt und zum verpflichtenden Programm des Protestantismus gemacht. Zwischen den Konfessionen ist die Rechtfertigungslehre heute nicht mehr umstritten. Damit ist eine Voraussetzung geschaffen für eine engere ökumenische Zusammenarbeit.
Für uns heute ist der Begriff Rechtfertigung recht fremd, weil er in der Sprachwelt des antiken Judentums entstanden ist. Eine Hilfe ist vielleicht die Frage, was unser Leben gelingen lässt und zu eigenem Handeln motiviert: Es sind sicher nicht in erster Linie eigene Leistungen, sondern im Wesentlichen Begegnungen mit anderen und die Zuwendung von Mitmenschen.

Streitpunkt Ablass

Anlass für die Trennung von der katholischen Kirche im 16. Jahrhundert wurde der Streit um den Ablass. Die katholische Seite versteht den Ablass so: Gott vergibt dem reuigen Sünder. Doch es bleibt ein Schaden, der wiedergutzumachen ist. Dieser Schaden sollte durch das Ablasswesen der katholischen Kirche behoben werden. Die mittelalterliche Kirche verhängte Bußstrafen, z.B. durfte man 300 Tage nicht am Gottesdienst teilnehmen. Durch Ablassbriefe, die von der Kirche verkauft wurden, konnten derartige Kirchenstrafen verringert werden. Der Dominikanermönch Tetzel betrieb so einen schwungvollen Ablasshandel, um den Bau des Petersdomes in Rom zu finanzieren. „Sobald das Geld im Kasten klingt, die Seele in den Himmel springt!" Durch seine Ablasspredigten verbreitete er die Auffassung, Sündenvergebung sei käuflich wie der Erlass von Kirchenstrafen. Dass diese Vorstellungen bei Luther auf Widerstand stoßen mussten, der die Gnade Gottes spitzfindig und kleinkrämerisch verwaltet sah, liegt auf der Hand.

Nach der Veröffentlichung von 95 Thesen, in denen er sich vehement gegen den Ablass wandte, nahm die Geschichte der Kirchentrennung und damit die Geschichte der Reformation ihren Lauf. Da es mit der kirchlichen Obrigkeit zu keiner Verständigung kam, verhängte der Kaiser auf dem Wormser Reichstag die Reichsacht. Luther war damit vogelfrei, wurde jedoch auf der Wartburg versteckt, wo er als „Junker Jörg" lebte. Er begann hier in den Jahren 1521–1522 das NT ins Deutsche zu übertragen. In dieser Zeit bildete sich auch sein neues Kirchenverständnis heraus: Die Kirche steht unter dem Wort Gottes. Sie besitzt keine Hierarchie mit einem unfehlbaren Lehramt, sie verwaltet Wort und Sakramente, das damals in der katholischen Kirche herrschende Verständnis der Messe wird abgelehnt. Am 18. Februar 1546 starb Luther in Eisleben. Sein Grab befindet sich in der Schlosskirche zu Wittenberg. Bei aller positiven Bedeutung Luthers für die Reformation dürfen die z.T. verheerenden Folgen seines Wirkens nicht übersehen werden, etwa Judenverfolgungen unter Berufung auf seine abfälligen Worte über die Juden sowie die Stärkung der Landesherren aufgrund seiner Haltung in den Bauernkriegen.

Jean Calvin

Neben Martin Luther ist Jean Calvin wohl der wichtigste Reformator des 16. Jahrhunderts. 1509 wurde er in Noyon/Frankreich geboren.

Zunächst schlug er beruflich die Laufbahn eines Juristen ein, wurde aber vermutlich bereits während des Studiums auf die Gedanken Luthers aufmerksam. Nach eigenen Aussagen wurde er durch eine plötzliche Bekehrung zum Reformator. Im Alter von 25 Jahren schrieb er 1536 sein Hauptwerk „Institutio religionis christianae", das ihm schnell Anerkennung brachte. Als Calvin im selben Jahr nach Genf kam, wurde er bedrängt, bei der Reformation zu helfen. Darauf führte er als Prediger in Genf eine strenge Kirchenzucht ein: Gottesdienstbesuch wird zur Pflicht, die öffentliche Ordnung und der private Lebenswandel der Genfer werden streng überwacht. Die große Strenge Calvins stieß viele in Genf ab, sodass sie ihn 1538 aus der Stadt wiesen; 1541 wurde er zurückgerufen und formte nun Genf zur reformatorischen Musterstadt. 1564 starb er im Alter von 55 Jahren.

Calvins Hauptwerk „Institutio" basiert auf dem Kleinen Katechismus Luthers. Viel stärker als Luther war Calvin aber verstandesmäßig ausgerichtet. So dachte er dessen **Prädestinationsgedanken** (lat. *Vorherbestimmung der menschlichen Bestimmung durch Gott*) folgerichtig zu Ende. Danach hat Gott durch einen ewigen Ratschluss diejenigen Menschen bestimmt, welche zum Heil gelangen und welche er „dem Verderben weihe".
Nach der Vorstellung Calvins soll die Welt zum Reich Gottes gestaltet werden, was auch wirtschaftliche und soziale Konsequenzen hat. In Genf wurden Vergehen gegen seine Lehre und die Gebote hart bestraft. So ließ er 1553 den Arzt und Naturforscher Servet, der wegen seiner Lehren über Gott auf der Flucht vor der römischen Inquisition durch Genf kam, als Ketzer verbrennen.
Heute geht Calvins Wirkung weit über Genf hinaus. In der Schweiz, in Frankreich, England, den Niederlanden und Deutschland gibt es – regional verschieden – starke calvinistische Einflüsse. Die in angelsächsischen Ländern lebenden Puritaner stehen in der Tradition Jean Calvins.

Huldreich Zwingli

Neben Calvin ist Huldreich Zwingli der bedeutendste Schweizer Vertreter der Reformation. Der am 1. 1. 1484 in Wildhaus/Toggenburg geborene Sohn eines Bauern studierte in Wien, Paris und Basel Theologie.
Als Prediger in Zürich setzte er sich ab 1519 für Maßnahmen zur Kirchenerneuerung ein; dazu gehörten die Verpflichtung der

Pfarrer auf schriftgemäße Predigt (sola scriptura), die Entfernung der Bilder aus den Kirchen (Bilderverbot), die Abschaffung von Seelenmessen und die Einrichtung von Schulen und Armenpflegeeinrichtungen. In seiner „Auslegung und Begründung der Schlussreden" legte er die erste deutschsprachige reformatorische Glaubenslehre vor, die er in seinem Kommentar „Über wahre und falsche Religion" umfassend ausarbeitete (1525). Die Reformation Zwinglis in Zürich hatte nicht nur den kirchlichen Bereich im Blick, sondern beinhaltete zugleich auch eine soziale und pädagogische Erneuerung (Schulen, Armenhäuser).
Zu einer Auseinandersetzung mit Luther kam es beim Verständnis des Abendmahls. Auch die Marburger Religionsgespräche der beiden Reformatoren (1529) konnten hierüber keine Einigkeit herbeiführen. Für Zwingli war das Abendmahl ein reines Gedächtnis- und Bekenntnismahl, bei dem sich die Gemeinde des Kreuzestodes Jesu erinnert und sich zu dem gekreuzigten Gottessohn bekennt. Luther hielt dagegen daran fest, dass in der Abendmahlsfeier der auferstandene Christus „in, mit und unter Brot und Wein" wirklich gegenwärtig ist (Realpräsenz). Der Streit ging um das kleine Wörtchen *ist* in den Einsetzungsworten („Dies ist mein Leib ... dies ist mein Blut"), das Luther wörtlich verstanden wissen wollte, während Zwingli es durch das Wort *bedeutet* ersetzen wollte. Die unterschiedlichen Auffassungen der beiden Reformatoren waren unüberbrückbar und führten zur Ausbildung getrennter reformatorischer Kirchen, die erst in unserem Jahrhundert zur Abendmahlsgemeinschaft zurückfanden.
Zwingli starb 1531 bei einem Überfall der „altgläubigen Orte" der Schweiz auf Zürich als Feldprediger (11. 10. 1531).

Die evangelischen Kirchen, die sich auf Zwingli und vor allem Calvin zurückführen, werden als reformiert bezeichnet.
Anders als in vielen katholischen und lutherischen Kirchen ist der Altar in reformierten Kirchen schlicht und ohne künstlerische Ausstattung: Er drückt die reformierte Abendmahlstheolo-

gie aus, nach der sich die Christen lediglich an das Leiden Christi erinnern. Auch Bilder fehlen im Kirchenraum. Darin wird z. B. deutlich, wie stark das wörtliche Verständnis des Bilderverbots (Dtn 5,8) des AT die reformierte Theologie bestimmt. Die Theologie der reformierten Kirchen beruft sich vor allem auf Calvin, u. a. auf dessen Prädestinationslehre, sein Verständnis kirchlicher Ämter, seine Auffassung vom Widerstandsrecht des Christen gegenüber der Obrigkeit, die im Gegensatz steht zu Luthers Loyalitätsdenken im Blick auf die Fürsten.
Seit 1559 entfaltet die katholische Gegenreformation ihre Wirkung. Die Gedanken der Reformatoren konnten sich nicht weiter über ganz Europa verbreiten. Es kam zur Kirchenspaltung. Je nach der Konfession des Landesherrn bestimmte sich die Religionszugehörigkeit der Untertanen. Wer nicht seine Konfession nach der des Landesherrn ausrichten wollte, musste demnach auswandern.

Trennendes und Gemeinsames

In unserem Jahrhundert gehen die christlichen Konfessionen wieder aufeinander zu, um in der Ökumene die Folgen der Reformation zu lindern. Der Weg zur Einheit der Kirchen erweist sich allerdings als beschwerlich – oftmals von Rückschlägen begleitet, so etwa wenn es um das Verständnis des kirchlichen Amtes geht. Im Protestantismus besteht für die Kirche, aber auch für jedes einzelne Kirchenmitglied, der Auftrag, das Evangelium in Wort und Sakrament zu verkündigen. Mit der Taufe wird ebendieser Auftrag erteilt, womit jeder die Voraussetzungen erfüllt, das Priester- oder Bischofsamt zu erwerben und auszufüllen. Doch ist längst nicht jeder evangelische Christ Inhaber eines solchen Amtes. Vielmehr werden von der jeweiligen evangelischen Gemeinde Männer oder Frauen nach vorhergehendem Studium und einer praktischen Ausbildung in das Amt des Pfarrers berufen. Die Gemeinde wählt einen Bewerber für das Pfarramt, und der Gewählte wird durch die Ordination, also durch die Einsegnung unter Handauflegung, in seinen Dienst eingeführt.

In der katholischen Kirche ist das Amt nicht nur durch die Verkündigung begründet, sondern steht auch in der Nachfolge der Apostel: Das Amt wird nicht nur an eine bestimmte Funktion, sondern auch an eine geweihte Person gebunden. In der katholischen Kirche ist das Amt hierarchisch in drei Stufen gegliedert nach Bischöfen, Priestern und Diakonen. Diese Dreiteilung hat als gemeinsames Band das Sakrament der Weihe.

Eine Weihe zum Papst gibt es nicht. Der Papst wird gewählt. Papst und Bischöfe sehen sich in der Nachfolge der Apostel. Die dem Petrus und den Aposteln übertragenen Aufgaben und Befugnisse sind demnach mit deren Tod nicht einfach erloschen, sondern gehen auf ihre Nachfolger über; in diesem Sinne wird nach katholischem Verständnis von apostolischer Sukzession gesprochen. Die Amtsbefugnisse werden durch die Weihe mittels Handauflegung weitergegeben: Ein neuer Bischof wird durch mehrere Mit-Bischöfe geweiht, ein Priester empfängt seine Priesterweihe zumeist von seinem Ortsbischof.

Seit der Zeit des **II. Vatikanischen Konzils**, das von Papst Johannes XXIII. zu Beginn der 60er-Jahre des 20. Jahrhunderts als Vollversammlung der katholischen Bischöfe der Welt einberufen wurde, hat es zahlreiche Versuche gegeben, die kontroversen Fragen des kirchlichen Amtes zu klären.

> Die gegenseitige Anerkennung der Ämter steht jedoch noch aus. Dass diese allerdings nicht für immer ausgeschlossen bleiben muss, zeigt eine kleine Episode, die über Papst Johannes XXIII. erzählt wird. Während seiner Amtszeit in Rom erhielt er einen Brief des anglikanischen Bischofs von Gibraltar, dessen Bistum den gesamten Mittelmeerraum umfasst. Der ließ in seinem Schreiben durchblicken, dass er das Oberhaupt der katholischen Kirche gerne persönlich bei einer Romreise begrüßen würde. Der Besuch kam wirklich zustande. Der anglikanische Bischof betrat das Arbeitszimmer des Papstes, und dieser kam ihm freudig mit den Worten entgegen: „Guten Tag, Herr Bischof. Wenn ich mich nicht sehr irre, gehöre ich auch zu Ihrer Diözese."

Dass sich die katholische Kirche allerdings schwer damit tut, ihr Amtsverständnis zu ändern, wird auch an der Frage der **Frauenordination** deutlich. In der Hauptstadt des amerikanischen Bundesstaats Massachusetts wurde im Februar 1989 Barbara Harris zur ersten Bischöfin der anglikanischen Kirche geweiht.

Der Vorsitzende der anglikanischen amerikanischen Bischöfe, Edmund Brown, nannte das Ereignis eine *große Freude*. Dagegen sprach der katholische Erzbischof John Whealon von einem *großen Rückschlag* für die Bemühungen um eine Wiedervereinigung der Kirchen. Ähnlich äußerte sich auch ein Vertreter der griechisch-orthodoxen Kirche in New York.

> Eine Frau soll sich still und in aller Unterordnung belehren lassen. Dass eine Frau lehrt, erlaube ich nicht, auch nicht, dass sie über ihren Mann herrscht; sie soll sich still verhalten.
> *(1 Tim 2,11 f.)*.

So steht es im NT. Bis in die heutige Zeit hinein ist diese durch die Tradition geprägte Sichtweise, dieses abwertende Frauenbild, sowohl im öffentlichen wie im kirchlichen (vor allem katholischen und orthodoxen) Bereich weit verbreitet. Wenn sich auch die gesellschaftliche Stellung der Frau durch die Emanzipationsbewegung verändert hat, für den kirchlichen Raum lässt sich dies kaum feststellen.

Eine evangelische Pfarrerin

In der Kirche kommt der Frau hauptsächlich eine dienende Funktion zu, vor allem in der

Kranken-, Alten- und Behindertenpflege. Dass Frauen dies tun, ist wichtig und gut. Darüber hinaus aber haben sie (noch) wenig Möglichkeiten, innerhalb der Kirche gestaltend und verändernd mitzuwirken.
Während die katholische Kirche sich teilweise noch schwer damit tut, Mädchen als Messdienerinnen zuzulassen, setzt sich die Weihe zur Diakonin in der anglikanischen Kirche bereits immer mehr durch. Seit 1978 haben Frauen in der evangelischen Kirche uneingeschränkten Zugang zum Pfarramt.

Ökumene

Das Beispiel *Frauenordination* lässt erkennen, wie steinig der Weg der Konfessionen zueinander ist. **Ökumene** ist immer noch ein zartes Pflänzchen. Der Begriff *Ökumene* ist griechischen Ursprungs und bezeichnet die gesamte bewohnte Erde. Die alte Kirche nannte ihre Konzilien ökumenisch, wenn auf ihnen die Christen des gesamten Römischen Reiches, also der ganzen damals bekannten Welt, vertreten waren. Ökumenisch bedeutet mithin: allumfassend, die ganze Welt umspannend und zugleich die Einheit der Christenheit darstellend.
Die ökumenische Bewegung versucht, die Aufspaltung der Christenheit in unterschiedliche Kirchen und Konfessionen zu überwinden und die getrennten Kirchen zur Einheit im Zeugnis für Christus und im Dienst an der Welt zurückzuführen. Ihren wichtigsten Ausdruck findet die ökumenische Bewegung in dem 1948 in Amsterdam gegründeten **Ökumenischen Rat der Kirchen (ÖRK)**, dem mittlerweile annähernd 300 Kirchen aus über 90 Ländern angehören (z. B. Anglikaner, Reformierte, Lutheraner, Orthodoxe, Baptisten, Quäker, Herrnhuter Brüder, Pfingstler). Die katholische Kirche hat sich der Bewegung (noch) nicht angeschlossen.

Ökumene – nur eine fromme Projektion?

Der ÖRK versteht sich als „eine Gemeinschaft von Kirchen, die den Herrn Jesus Christus gemäß der Heiligen Schrift als Gott und Heiland bekennen und darum gemeinsam zu erfüllen trachten, wozu sie berufen sind, zur Ehre Gottes, des Vaters, des Sohnes und des Heiligen Geistes". Angestrebt wird also keine Uniformität der Organisation, keine „Überkirche", sondern durch das Gespräch zwischen den getrennten Kirchen soll die Bereitschaft zur Zusammenarbeit in Zeugnis und Dienst gefördert werden. Die Arbeit des ÖRK, der seinen ständigen Sitz in Genf hat, gliedert sich in drei Programmeinheiten:

1 **Glauben und Zeugnis** (Fragen der Kirchenverfassung, der Weltmission, des Dialogs mit anderen Religionen und Ideologien),

2 **Gerechtigkeit und Dienst** (zwischenkirchliche Hilfe, Entwicklungsdienst, Bekämpfung des Rassismus, Zusammenarbeit mit dem Vatikan im Ausschuss für Gesellschaft, Entwicklung und Frieden) und

3 **Bildung und Erneuerung** (Frauen-, Jugend- und Bildungsfragen, Erneuerung des Gemeindelebens).

Ein katholischer Geistlicher mit Rosenkranz

Die alle sieben Jahre zusammentretende Vollversammlung ist die oberste Autorität des ÖRK; sie bestimmt die Richtlinien der gemeinsamen Arbeit. In der Bundesrepublik Deutschland organisiert sich die Ökumenische Bewegung in der Arbeitsgemeinschaft christlicher Kirchen, der auch die katholische Kirche (Verband der Diözesen Deutschlands) als Vollmitglied angehört.

Die ökumenische Zusammenarbeit der Gemeinden (vor allem der katholischen und evangelischen) ist durch das II. Vatikanische Konzil gefördert worden und hat in den letzten Jahrzehnten bedeutende Fortschritte gemacht. Gemeinsame Gottesdienste und Bibelwochen, die Möglichkeit der gemeinsamen kirchlichen Trauung konfessionsverschiedener Paare und die vielfältige Zusammenarbeit im diakonischen Bereich zeugen von der Bereitschaft, nicht das Trennende, sondern die Verbundenheit im gemeinsamen Bekenntnis in den Vordergrund zu stellen.

Freilich sind der ökumenischen Annäherung durch die unterschiedlichen Auffassungen im Blick auf die Eucharistiefeier/das Abendmahl und das kirchliche Amt immer noch vergleichsweise enge Grenzen gesetzt.

Ein orthodoxer Pope (Priester) mit der Ikone, d. h. dem Bild Heiliger oder Christi

5.6 Die Kirche(n) und das „Dritte Reich"

Vieles ist den Kirchen gemeinsam, wenn der Blick in die Geschichte gelenkt wird. So ist die weitgehende Kapitulation vor dem Nationalsozialismus nicht ausschließlich konfessionell zu verstehen. Sie macht schmerzlich deutlich, wie katholische und evangelische Kirche angesichts des konfessions-übergreifenden Anspruchs der Nachfolge Jesu jeweils spezifisch gescheitert sind, aber auch wie einzelne Christen Widerstand geleistet haben.

Der Begriff *Drittes Reich* stammt aus dem **Chiliasmus**, d. h. einer bestimmten auf die Endzeit bezogenen Geschichtssicht. Danach vollzieht sich die göttliche Heilsgeschichte in drei aufeinander folgenden Reichen: das Reich des Vaters, in dem der Heil suchende Mensch an die Gesetze Gottes gebunden ist (Alter Bund); das Reich des Sohnes, in dem das Evangelium den Menschen Heil bringt (Neuer Bund); schließlich das Reich des Heiligen Geistes. Dieses dritte und letzte Reich wird auch Millennium genannt, weil darin Jesus und die Seinen (Märtyrer und Bekenner) für die Dauer von 1000 (lat. *mille*) Jahren über die Erde herrschen, bevor das Endgericht erfolgt.
Im Zeitalter der Säkularisation hielt der Begriff Einzug in die politische Ideologie. Moeller van den Bruck prophezeit in seinem 1923 erschienenen Buch „Das dritte Reich" ein deutsches Reich, das auf das Heilige Römische Reich Deutscher Nation (962–1806) und das preußisch-kleindeutsche Kaiserreich (1871–1918) folgen werde. Die Nationalsozialisten griffen diese politische Heilserwartung auf. Führer- und Parteikult ergänzten diese Ideologie in pseudo-religiöser Art und Weise.

Ausgelöst durch die Versuche der Nationalsozialisten, auch die Kirchen *gleichzuschalten* und der Autorität Adolf Hitlers unterzuordnen, kam es in der Deutschen Evangelischen Kirche zu einer Auseinandersetzung zwischen der Bewegung **Deutsche Christen** und der **Bekennenden Kirche**, die ihren Höhepunkt im Jahre 1934 erreichte. Die Deutschen Christen suchten die nationalsozialistische Weltanschauung in den christlichen Glauben aufzunehmen, sie befürworteten ein „arisches" und „heldisches", von allen jüdischen Einflüssen gereinigtes Christentum und sie wollten das Führerprinzip auch in der Kirche durchsetzen. Die Vertreter der Bekennenden Kirche betonten dagegen ihre alleinige Bindung an Jesus Christus und setzten sich gegen jede Form staatlicher Bevormundung der Kirche zur Wehr. Es handelte sich nicht um einen Kampf der Kirchen gegen den NS-Staat, sondern um eine innerkirchliche Auseinandersetzung. Zum politischen Widerstand gegen die nationalsozialistische Herrschaft konnten sich auch aus den Reihen der Bekennenden Kirche nur wenige entschließen.

Dietrich Bonhoeffer

Außergewöhnlich war die Haltung des evangelischen Theologen und Pfarrers Dietrich Bonhoeffer (1906–1945).
Wegen seines Widerstandes gegen den Nationalsozialismus und seiner Befürwortung eines Attentats auf Hitler wurde er 1943 verhaftet und kurz vor Kriegsende am 9. April 1945 im Konzentrationslager Flossenbürg hingerichtet.

Seine Briefe, Aufzeichnungen und Gedichte aus der Haft („Widerstand und Ergebung") gehören zu den bedeutendsten Zeugnissen christlicher Existenz im 20. Jahrhundert. In seinen theologischen Schriften lehnte er die Verkündigung einer „billigen Gnade" ab, die vom Gläubigen nichts fordert. In der Nachfolge Christi stehen bedeute vielmehr, im Gehorsam gegen Gottes Gebot den Mut zu verantwortlichem Handeln aufzubringen, bis hin zur bewussten Übernahme von Schuld (Attentat).

Weil Gott in Jesus Christus Mensch geworden ist, begegnet er uns nicht in fernen Himmelshöhen, sondern in unserem konkreten alltäglichen Leben; Christsein drückt sich dementsprechend auch nicht in religiösen Gefühlen oder einer aufs Jenseits gerichteten Frömmigkeit aus, sondern im Dasein für andere. Bonhoeffer plädiert deswegen für eine „nichtreligiöse Auslegung" der biblischen Botschaft und dafür, dass die christliche Kirche als „Kirche für andere" ihren Auftrag wahrnimmt. Christliche Kirche darf sich nicht zuerst um sich selbst kümmern, sondern hat ihren Ort an der Seite derer zu suchen, denen Freiheit und Menschenwürde geraubt werden. Dies bedeutete unter den Bedingungen des Dritten Reiches: Eintreten für die vom NS-Staat verfolgten Juden als christliche Pflicht und kirchliche Aufgabe. Mit dieser Forderung ging Bonhoeffer als einziger Vertreter der Bekennenden Kirche über deren innerkirchlichen Widerstand gegen die Nationalsozialisten hinaus. Seine Theologie und vor allem sein persönliches Glaubenszeugnis haben bis heute starke Wirkung.

Franz Jägerstätter

Doch Mut und Zivilcourage aus Gewissensüberzeugung sind in allen Konfessionen zu finden. Der Katholik Franz Jägerstätter war kein kirchlicher Würdenträger, wohl aber von Kindheit an engagiert. 1907 in St. Radegund, einem kleinen österreichischen Dorf geboren und aufgewachsen, war Jägerstätter der Einzige in seinem Ort, der mit „Nein" stimmte, als Hitler Österreich

als „seine Heimat nach Deutschland heimholen wollte". Seine Ablehnung der nationalsozialistischen Gewaltherrschaft ging so

weit, dass er sich 1943 weigerte, für Hitler in den Krieg zu ziehen. Sein Gewissen verbiete ihm dies. Christen dürften sich an einem als ungerecht erkannten Krieg nicht beteiligen. So seine Überzeugung.
Der Pfarrer, der Bischof gar, werden von ihm in seinem Gewissenskonflikt aufgesucht. Man will ihn überzeugen, dass er als Einzelner kaum einschätzen könne, ob ein Krieg gerecht oder ungerecht sei. Das solle er den staatlichen Instanzen überlassen. Der Bauer Franz Jägerstätter bleibt – wohl wissend, was er als Ehemann und Familienvater aufs Spiel setzt, – seinem eigenen Gewissen treu. Wozu er selbst moralisch verpflichtet sei, das sei allein seine Gewissenssache. Er müsse standhaft bleiben, das ist die von ihm vertretene Haltung. Unbeirrbar hielt er diese Haltung mit klarem Blick auf die Folgen durch. Am 9. August 1943 fand die Hinrichtung in Berlin statt. Zwei Jahrzehnte später, auf dem II. Vatikanischen Konzil, wurde seiner besonders gedacht: Er und sein Handeln werden nunmehr als christliches Vorbild herausgestellt.

Bonhoeffer und Jägerstätter werden inzwischen nicht nur in den Grenzen ihrer jeweiligen Konfession verehrt. Beide haben auch den Weg der christlichen Bekenntnisse zueinander geebnet, die sich angesichts schwerer Zeiten inzwischen auch der Tatsache eigenen Versagens stellen.

Lern-Check: Teste dein Wissen!

Kapitel „Kirche und Kirchen“	O. K. ✔	Das muss ich noch mal lesen
Ich kann erläutern, dass hinter der Gestaltung eines Kirchengebäudes in einem bestimmten Stil (Romanik, Gotik, Barock) eine Grundidee steckt.		S. 66, 67
Ich kann erste Anfänge der Kirche, ihre Aufgaben und ihre Strukturen in Grundzügen beschreiben.		S. 67–70
Ich kann erklären, was unter „Liturgie“ und was unter „Sakramenten“ verstanden wird, und kann die Sakramente verschiedener Konfessionen aufzählen.		S. 70, 71
Ich kann die grundlegenden Aufgaben von Kirche Liturgía, Diakonía, Martyría beschreiben und erläutern.		S. 71–74
Ich kann erklären, warum die Kirche immer wieder zu reformieren ist.		S. 74
Ich kann die Anliegen von Martin Luther, Jean Calvin und Huldreich Zwingli im Rahmen ihrer Reformbemühungen charakterisieren.		S. 74–80
Ich kann in Grundzügen Trennendes und Gemeinsames von katholischer Kirche und den Kirchen der Reformation des 16. Jahrhunderts beschreiben.		S. 80–83
Ich kann erklären, was unter „Ökumene“ zu verstehen ist und wie Kirchen heute den Weg zueinanderfinden wollen.		S. 83–85
Ich kann erläutern, wie sich die Kirchen im „Dritten Reich“ in der Bewährungsprobe gegenüber dem Nationalsozialismus verhalten haben.		S. 86–89
Ich kann am jeweiligen Beispiel von Dietrich Bonhoeffer und Franz Jägerstätter erläutern, was Nachfolge Jesu für Christen bedeutet.		S. 87–89

Religionen und Weltanschauungen

6.1 Wissenswertes aus der Geschichte Israels und des Judentums

Wer von Judentum spricht, meint – mit je unterschiedlicher Schwerpunktsetzung – eine Volks- oder Religionsgemeinschaft, die monotheistische Religion („Glaube an den *einen* Gott"), die als eigentliche Wurzel von Christentum und Islam gilt.

Juden nannte man ursprünglich allein die Bewohner des Landes Juda und meinte damit die Nationalität. Zur Bezeichnung der Religionszugehörigkeit wurde der Name erst nach dem Exil (d. h. der Verbannung nach Babylon und der Rückkehr), als man sich gegenüber der Mischbevölkerung der Samariter abgrenzen wollte. Seit dem 19. Jahrhundert wurde die Bezeichnung *Jude* zunehmend rassistisch verstanden und bekam einen unverkennbar antisemitischen Aspekt.
Noch heute ist die Zugehörigkeit zum Judentum nicht eindeutig definierbar. Die im Talmud gebrauchte Kurzformel „Jude ist, wer von einer jüdischen Mutter abstammt" genügt heute nicht mehr unbedingt: Während für die jüdischen Bewohner Israels der nationale Aspekt überwiegt, ist im Diasporajudentum noch immer der religiöse Aspekt für die Zugehörigkeit entscheidend.

Das biblische Israel

Wenn in der Theologie von Israel gesprochen wird, dann ist damit zumeist nicht der moderne Staat Israel gemeint, sondern das JHWH-Volk der Bibel (die Christen reden vom AT): das Volk, das – nach der Überlieferung – aus Ägypten auszog.

Der Name Israel wird Jakob von einem himmlischen Wesen gegeben (Gen 32,29, vgl. 35,10). Der älteste Beleg für den Namen stammt aus dem 12. Jahrhundert v. Chr. von einer Säule, auf der die Namen besiegter Völker von Pharao Merenptah aufgeführt sind. Traditionell ist Israel in der Bibel Volks- und Stammesname der Familie des Jakob, der Israeliten bis zur Davidszeit, der Einwohner des Nordreiches nach der Reichsteilung (↗ S. 93) in die Reiche Israel und Juda (Nord- bzw. Südreich), des jüdischen Volkes im NT. Im Buch Exodus findet sich öfter der Volksname Israel, so z. B. „Die Ältesten Israels" (Ex 24,9), „der Gott Israels" (Ex 5,1) oder „die Gemeinde der Söhne Israels" (Ex 12,3). Alle biblischen Berichte gehen also aus von einem Volk Israel oder einem Territorium Israel.

Legen wir unser heutiges Verständnis von *Staat* zugrunde, ist es nicht möglich, vom damaligen Israel als einer festen, staatlich organisierten Größe zu sprechen. Dennoch hat natürlich das Volk des Bundes eine bis ins zweite vorchristliche Jahrtausend hineinreichende Geschichte. Die wichtigsten Stationen seien kurz genannt: Nachdem das JHWH-Volk aus Ägypten entkommen war, wurde es bzw. wurden die einzelnen Stämme nach einem langen, schwierigen Prozess in Kanaan sesshaft. Im Zuge dieser Entwicklung trat an die Stelle der halbnomadischen Stämmegesellschaft das zentralistische Königtum, an die Stelle des Lebensunterhalts aus Viehherden der Grundbesitz und die Ernte aus der Agrarwirtschaft. Der Prozess der Festigung war wiederum sehr langwierig und mühsam; die biblischen Erzählungen in den Büchern Josua und Richter, die ihrerseits kein einheitliches Bild von der geschichtlichen Entwicklung Israels vermitteln, sind grundsätzlich vom Ende her gedacht (Landnahme). Nach dem Übergang zum Königtum durch Saul verstand es David, die Nord- und Südstämme in einem Staatswesen unter einem König zu organisieren. In seiner Zeit kam vor allem Jerusalem zu seiner herausragenden Geltung. David hinterließ ein Großreich, das sein Nachfolger Salomo auch religiös durch den Tempelbau zentralisierte. Nach dem Tod Salomos (926 v. Chr.) zerfiel dieses Großreich; das Nordreich nannte sich Israel, das Südreich Juda. Unter dem König des Nordreiches, Omri (885–874 v. Chr.), wurde die neue Hauptstadt Samaria für das Nordreich erbaut.

Exil und Krise

Nach einigen Versuchen, eine neue Einheit (vor allem gegen die übermächtigen Assyrer) zu schaffen, fiel das Nordreich 722 v. Chr. in die Hände der assyrischen Großmacht. Die Oberschicht wurde deportiert und eine neue assyrische Oberschicht in Israel angesiedelt. Nach der Zerschlagung des Nordreiches und dem dort entstandenen weitgehend heidnischen Staat war das Werk Davids endgültig zerfallen. Die Vermischung der jüdischen und heidnischen Bevölkerung im Nordreich nach 722 ließ bis in die neutestamentliche Zeit hinein für einen frommen Juden nur Verachtung für die Samariter zu (vgl. Joh 4,7 f.). Das Südreich Juda konnte in relativer Selbstständigkeit noch überleben, bis es schließlich samt der Hauptstadt Jerusalem 587/86 v. Chr. dem babylonischen König Nebukadnezar II. in die Hände fiel. Weite Teile der Bevölkerung wurden auch hier deportiert; die jüdische Ansiedlung in Babylonien war das Ergebnis.

Das Ende des israelischen Königtums nach gut 300 Jahren führte für die JHWH-Gläubigen zur radikalen Glaubenskrise: Hatte JHWH seine Zusage, seinem Volk das Land zu geben, gebrochen? Zwar hatten die früheren Propheten (z. B. Amos, Hosea, Micha, Jesaja, nicht zuletzt Jeremia) auf die Folgen von praktischer Gottlosigkeit, Intrigen und Korruption hingewiesen, dennoch saß der Schock tief. Schließlich wurde von einigen das Exil als Strafe Gottes gedeutet und damit ein Umkehrprozess im Judentum eingeleitet. Andererseits war es ein Mann wie Deutero-Jesaja (ein bekannter Prophet, der hinter Kap. 40–55 des Jesaja-Buches steht), der angesichts des baldigen Zerfalls des neubabylonischen Reiches und des Aufkommens der Perser während der Exilzeit das JHWH-Volk zu neuem Vertrauen auf den Heil schaffenden Gott ermutigte und vom Perserkönig Kyros die Rettung für das geknechtete Volk erwartete. Unter ihm konnten die Juden dann tatsächlich in ihre Heimat zurückkehren. Dabei kam ihnen entgegen, dass seine Religionspolitik sehr liberal war und sich das Volk auch religiös erneuern konnte.

Rückkehr aus dem Exil

Die Geschichte Israels mündet nach der Rückkehr der Juden aus dem Exil in die Geschichte des Judentums. Den aus dem Exil in Babylonien zurückgekehrten Juden erlaubte der Perserkönig Kyros den Wiederaufbau des Tempels in Jerusalem. Die Heimkehrer setzten ihre religiösen Auffassungen gegen die nicht deportierte und inzwischen mit Fremdvölkern gemischte Landbevölkerung der Samariter durch. Sie bekamen die Erlaubnis, die **Tora** als Staatsgesetz einzuführen. Das Gebiet um Jerusalem wurde persische Provinz, erhielt aber bald eine Teilautonomie unter Führung eines Hohen Priesters. Jerusalem war nunmehr nicht nur der politische Mittelpunkt des Judentums, sondern vor allem auch der religiöse für das Diasporajudentum, das immer bedeutender wurde.
So entstand z. B. in einem der Zentren des Diasporajudentums, im ägyptischen Alexandria, im 3./2. Jahrhundert v. Chr. die griechische Übersetzung der Hebräischen Bibel (Septuaginta).

Die Eroberung des Perserreiches durch Alexander d. Gr. führte

Tora mit Jad (Zeigehand)

dazu, dass sich der ganze Vordere Orient griechisch orientierte und sich eine einheitliche Kultur herausbildete, der **Hellenismus**. Auch das Judentum blieb davon nicht unberührt, und es gab starke Bestrebungen, Jerusalem zu einer griechischen Polis – mit all den entsprechenden religiösen Konsequenzen – zu machen und die Tora als Staatsgesetz wieder abzuschaffen. Das rief allerdings den Widerstand der Frommen, der Makkabäer, hervor und führte letztlich zur Herausbildung der religiösen Parteien, die wir dann zur Zeit des Jesus von Nazareth vorfinden: **Pharisäer**, **Sadduzäer**, **Essener** und **Zeloten**. Letztere trugen vor allem den Widerstand gegen Rom, das 63 v. Chr. die Herrschaft übernommen hatte. Der *jüdische Krieg*, von dem Flavius Josephus berichtet, endete schließlich mit der Zerstörung Jerusalems 70 n. Chr. Ein zweiter jüdischer Aufstand wurde von Rom 131/132 n. Chr. blutig niedergeschlagen und verbot den Juden bei Todesstrafe das Betreten Jerusalems. Damit endete für fast 2000 Jahre ein jüdisches Staatswesen auf dem Boden Palästinas.

Beginn der Diaspora

Für das Judentum prägend wurden von nun an die Schriftgelehrten der **Pharisäer**, die die jüdischen Gemeinden unter Leitung eines Rabbiners neu organisierten. Zentrum des Glaubenslebens wurde, da es keinen Tempel mehr gab, die Synagoge und vor allem die Familie. Das Judentum, das sich nun in der Diaspora fand, über die gesamte Welt verstreut, erhob das lebenslange Lernen der Tora zum *Bildungsideal* und schuf auf vielfältige Art und Weise Kommentare und Interpretationen (Talmud, Midrasch, Mischna, Halacha, Haggada). Mit dem Erstarken des Christentums im Römischen Reich und dessen Entwicklung zur Staatsreligion wurde die Lage für das Judentum immer unerträglicher. Das geistige Zentrum verlagerte sich von Palästina nach Babylonien, wo das Judentum auch nach der Eroberung durch den Islam weitgehende religiöse Duldung erfuhr. So entstanden der **sephardische** Strang des Judentums, die Sephardim, die im

Gefolge der islamischen Eroberung bis nach Spanien kamen, und der **aschkenasische**, der ursprünglich unter byzantinischer Herrschaft in Palästina sich besonders in Mitteleuropa ausbreitete, die Aschkenasim.

Mit dem Beginn der **Kreuzzüge**, die mit blutigen Verfolgungen von Juden verbunden waren, setzte in Europa eine immer stärker werdende Krise auf kulturellem und vor allem sozialem Gebiet ein. Vorangetrieben wurde die gesellschaftliche Ausgrenzung der Juden durch das **Laterankonzil** von 1215, das eine äußere Kennzeichnung mittels Judenfleck auf der Kleidung sowie Judenhut festlegte. Das Judentum wurde in verfemte und den Christen verbotene Berufssparten wie den Geldhandel abgedrängt. 1492 vertrieb die Inquisition durch die Androhung von Zwangstaufen die Juden aus Spanien, 1555 forderte ein päpstlicher Erlass die Errichtung von Gettos (abgeschlossene jüdische Viertel) in den Städten. Die Juden Mitteleuropas wanderten vor allem nach Polen ab, wo sie aber auf Dauer auch nicht vor Verfolgungen sicher waren. Die schlimmen Verfolgungen führten zu religiösschwärmerischen Bewegungen wie dem **Chassidismus**. Trotz der rechtlichen Gleichstellung der Juden in verschiedenen europäischen Ländern nach der Französischen Revolution kam es aufgrund von Verfolgungen immer wieder zu Auswanderungswellen, besonders in die USA. Ende des 19. Jahrhunderts entstand der **Zionismus** (Heimkehr nach Zion = Jerusalem).

Mit der Machtergreifung durch die Nationalsozialisten in Deutschland kam es zur schlimmsten Judenverfolgung der Weltgeschichte. Der Völkermord der Nationalsozialisten, die **Shoah**, war der Versuch, das Judentum endgültig zu vernichten. Überall, wohin deutsche Truppen während des 2. Weltkrieges kamen, wurden Juden in Vernichtungslager wie Auschwitz deportiert. So wurden insgesamt sechs Mio. Juden ermordet.
Nach den Erfahrungen der Shoah forderten viele Überlebende verstärkt ein eigenes sicheres Staatsgebiet. So kam es im Mai 1948

zur Ausrufung des Staates Israel in Tel Aviv. Trotz Konflikten mit den arabischen Nachbarstaaten hat dieses Staatswesen bis heute überlebt und bietet mehr als 3,5 Mio. Juden eine Heimat. In der Nationalhymne (Hatikwah) des Staates Israel heißt es:

Solange im Herzen darinnen
Ein jüdisches Fühlen noch taut,
Solange gen Südost zu den Zinnen
Von Zion ein Auge noch schaut,
Solang lebt die Hoffnung auf Erden,
Die uns 2000 Jahre verband.
Dass ein Freivolk wir wieder werden
In Zions, Jerusalems Land.

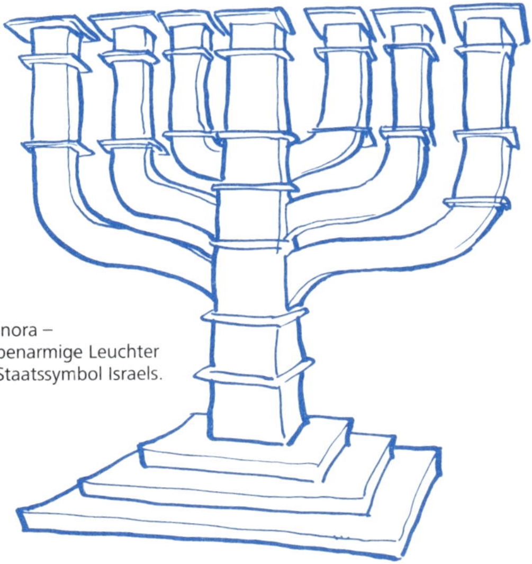

Die Menora –
der siebenarmige Leuchter
ist ein Staatssymbol Israels.

Die überwiegende Mehrheit der Juden lebt jedoch in den USA (ca. 5,8 Mio.), einen relativ hohen jüdischen Bevölkerungsanteil weist auch die ehemalige Sowjetunion auf (ca. 2,5 Mio., allerdings eher rückläufig infolge von Auswanderung). Insgesamt bekennen sich heute ca. 14 Mio. Menschen zum Judentum.

Von jüdischem Leben und Glauben

Das Judentum erhebt den Anspruch, vom einzigen und wahren Gott und Schöpfer (JHWH) als auserwähltes Volk berufen zu sein und diesen Glauben vor aller Welt zu bezeugen. Zwischen dem Volk Israel und JHWH besteht seit alter Zeit ein Bund, dessen äußeres Zeichen die Beschneidung darstellt. Eine Lebensordnung wurde durch JHWH in der Tora gegeben, die sowohl das religiöse wie das gesellschaftliche Leben regelt (z. B. Reinheit, Speisegesetze).

Für den frommen Juden ist das ganze Leben religiös durchdrungen, wobei die religiösen Regeln für jede Lebenssituation eine zentrale Rolle spielen. Seit der Zerstörung des Tempels ist der Gottesdienst wesentlich Gebetsgottesdienst. Zur Verrichtung der Gebete gehören rituelle Gegenstände wie Gebetsriemen und Kopfbedeckung. Täglich morgens und abends wird das Sch'ma Israel gesprochen (↗ S. 128), das jüdische Hauptgebet, beginnend mit den Worten:

> Höre Israel! Der Ewige, unser Gott, der Ewige ist einzig.
> *(Dtn 6, 47)*

Es begleitet das ganze Leben von Juden: Man bewahrt es in der Mesusa und in den Kapseln der Gebetsriemen auf, man spricht es abends und morgens, zu Hause und in der Synagoge. Nach dem Vorbild jüdischer Märtyrer betet man es auch in der Sterbestunde.

Das Hauptgebet im Gottesdienst ist das Achtzehngebet. Am **Sabbat (Schabbat)** findet ein Abend- und Morgengottesdienst in der

Synagoge statt, der vom Rabbiner oder der Rabbinerin geleitet wird. Er besteht aus Gebeten und Schriftlesung.
Wichtige Feste des Judentums sind das **Pessachfest**, das **Wochenfest** und das **Laubhüttenfest**, weitere Feste sind **Jom Kippur**, **Chanukka** und **Purim**. Bei aller Öffentlichkeit der großen Feste sind diese doch vor allem in der Familie verankert. Der Schabbat-Beginn wird in der Familie feierlich begangen, der Höhepunkt des Pessachfestes ist die häusliche **Sederfeier**; auch das Laubhüttenfest findet im Familienkreis statt. So ist die Familie Kern und Keimzelle des Judentums.

Die **Synagoge** ist der Ort, an dem die jüdischen Gebets- und Lesegottesdienste stattfinden. Seit der Zerstörung des Jerusalemer Tempels 70 n. Chr. gewann die Synagoge immer mehr an Bedeutung. Sie wurde zum religiösen und sozialen Mittelpunkt der über die ganze Welt verstreuten jüdischen Gemeinden.
Wichtigste Einrichtungsgegenstände der Synagoge sind der Schrein, in dem die fünf Bücher Mose sowie die prophetischen Schriften aufbewahrt werden, das ewige Licht, welches über dem Schrein brennt, und das Vorlesepult.
Da der Bund Gottes mit dem jüdischen Volk ein ewiger Heilsbund ist und die Juden alle Heilsgaben Gottes haben, ist christliche Mission an Juden ein theologisch-kirchlicher Kurzschluss. JHWH hat sich in Liebe Israel zu seinem (Eigentums-)Volk gemacht (Ex 19,5; Dtn 7,6; 14,2; 26,18 und öfter). Diese Erwählung ist grundlegend für den jüdischen Glauben; sie wird von Gott niemals widerrufen.

6.2 Islam als Hingabe an Gott

> Sommerferien – und ab in Richtung Marokko. Am Zielort angekommen, fällt etwas Unerwartetes auf: kaum Touristen, wenige Menschen am Strand, keine überfüllten Hotels. „Es ist Ramadan“, wird von der Reiseleitung erläutert, „… und das heißt:

> Wer nach Sonnenaufgang und vor Sonnenuntergang beim Essen oder Trinken in der Öffentlichkeit erwischt wird, muss mit Gefängnisstrafe rechnen – auch als Ausländer."

Das geschilderte Erlebnis verdeutlicht, wie Äußerliches einer fremden Kultur und ihrer Religion rasch augenfällig wird, das Innere erschließt sich dem Fremden dagegen nur mühsam. Das Fasten in den Tagesstunden des Monats Ramadan – so erfährt der Fremde – ist eine der *fünf Säulen* islamischer Lebensordnung (↗ S. 103–105).

Alkohol, Schweinefleisch und Glücksspiele sind frommen Muslimen verboten. Motiviert werden diese Ausdrucksformen religiösen Lebens durch die *dankbare Hingabe* an Gott (das ist die Wortbedeutung von *Islam*). Das Bekenntnis besagt: „Es gibt keinen Gott außer Gott, und Mohammed ist sein Prophet" (der Gesandte Gottes). Gott wird als einzigartig gedacht, man darf sich kein Bild von ihm machen, er ist unendlich und unvorstellbar in seiner Größe: als Schöpfer, Erhalter und Richter. Am Tage des Gerichts wird er die Gerechten belohnen, die Ungerechten aber bestrafen.

Allah bedeutet „der Gott" im Arabischen.

Der Glaube geht zurück auf Mohammed (570–632), der sich als Gesandter Gottes verstand, um die jüdische und christliche Religion in ihrer Reinheit wiederherzustellen und zu vollenden. Von Mekka und Medina aus verbreitete sich der Islam. Zwei Glaubensrichtungen bildeten sich geschichtlich heraus: die Sunna (d.h. *Gewohnheit, Brauch*) und die Schia (d.h. *Partei*), der nur ein kleiner Teil der Muslime (weniger als 20 %) angehört.

Das, was *im Gebrauch* ist, d.h. die **Sunna**, ist zunächst für den Moslem nach dem Koran die zweitwichtigste Quelle für die Rechtsprechung. Zur Sunna gehören Mitteilungen über Mohammeds Leben, Anweisungen und Auskünfte über Fragen des Glaubens, des Rechts und des Alltags. Auch Aufzeichnungen darüber, wie Mohammed in verschiedenen Fällen des Alltags wohl geurteilt hätte, sind Bestandteil der Sunna. Nach sunnitischer Vorstellung müssen die Nachfolger des Propheten nicht unbedingt blutsverwandt mit ihm sein, sollen aber seinem Stamm angehören, sich im Koran und in der Sunna auskennen sowie ein Talent zur Politik besitzen.

Die Frage der Mohammed-Nachfolge führte bereits in den Anfängen des Islam unter dem Kalifen Ali (654–661) – Kalif heißt einfach *Nachfolger* – zu Spannungen zwischen verschiedenen Gruppen. So kam es zur Bildung der *Partei*, der **Schia** Alis, auf die sich die Schiiten zurückführen lassen. Aus ihrer Sicht muss Mohammeds Nachfolger vom Propheten und von dessen Schwiegersohn Ali abstammen. Dem Außenstehenden vermitteln Schiiten den Eindruck, weniger aufgeschlossen für Pluralität und Toleranz zu sein als Sunniten. Ein Grund dafür könnte sein, dass sie in vielen muslimischen Ländern in der Minderheit sind: Nur im Iran und im Jemen bilden sie die Mehrheit. Ein weiterer möglicher Grund: Die drei Hauptzweige der Schiiten splittern sich in ca. 100 Gruppen auf.

Koran

Der **Koran** (d. h. *Verkündigung*) ist allen Muslimen heilig, da sie ihn auf göttliche Offenbarung an Mohammed zurückführen. In 114 Abschnitten, den **Suren**, werden religiöse Lehren und Pflichten dargestellt. Die enge Bindung zwischen Religion und Politik, wie sie in islamischen Ländern anzutreffen ist, erhält vom Koran ihr Fundament.

Im Koran entdeckt der Nicht-Muslim manches auch aus Judentum und Christentum Bekannte. Da ist die Rede von Abraham, Jesus und anderen Gestalten aus der Bibel. Abraham ist nach islamischem Verständnis nicht einfach ein frommer Jude, sondern *muslim*, d. h. *treu* und *gottergeben*. Über Abraham kamen Speisevorschriften des Judentums in den Islam, ebenso der Brauch der Beschneidung. Auch Jesus wird im Koran hochgeschätzt. Von der Göttlichkeit Jesu Christi ist allerdings nicht die Rede. Auch bleibt offen, ob er am Kreuz starb. Im Koran schwingt stärker der Aspekt mit, dass Gottes Gunst den Frommen zuteil wird. Wie könnte ein so großer Prophet schimpflich am Kreuze sterben?

Das aus dem Koran ableitbare Gesetzeswerk lässt erkennen, dass der Islam eine Unterscheidung zwischen privater Frömmigkeit und öffentlichem Gesetz nicht gutheißt. Dem Koran kommt insofern großes soziales und politisches Gewicht zu. Da der Muslim es als Willen Gottes ansieht, in einer gläubigen Gemeinde zu leben, ist es für ihn selbstverständlich, Lebensregeln aus göttlicher Offenbarung zu empfangen. In manchen islamischen Staaten bildet die **Scharia**, das Gesetz, die Grundlage auch heutiger Rechtsprechung.

Der Koran als heiliges Buch ist unfehlbar. Er ist Offenbarung Gottes. Moslems sind sich gewiss, dass das von Gott im Koran Gesagte zutrifft, aber sie wissen nicht, wie es zutrifft. So bleibt das Geheimnis der Offenbarung erhalten. Auch der Islam kennt das „Ganz-anders-Sein" Gottes. Die enge Verwobenheit von isla-

mischer Religion und Kultur macht es dem Nicht-Moslem nicht leicht, das Wesen dieser Religion zu erfassen.
Der Islam kann – wie andere Religionen auch – für politische Zwecke missbraucht werden. So dient ein fundamentalistisches Verständnis des Koran Fanatikern, Eiferern oder Märtyrern als Rechtfertigung ihres Terrors.

Was es im Alltag bedeutet, Muslim zu sein ...

Fünfmal am Tag lädt der Gebetsrufer – meist vom Minarett – die Muslime zur **Salat**, dem wichtigsten Pflichtgebet des Islam, ein. Im Sprechgesang ruft er über die Dächer: „Allahu akbar", „Gott ist größer!" (impliziter Absolutheitsanspruch!) und: „Ich bezeuge: Es gibt keinen Gott außer Gott! Mohammed ist sein Prophet!" Seine Stimme ertönt heute oft durch Lautsprecher und vom Band.

Gebetshaltungen von Muslimen

In der Moschee dürfen auch Eheschließungen, Prozesse und Unterricht stattfinden. Kultische Reinigung am Brunnen, das Ablegen der Schuhe und ausgebreitete Teppiche wahren die Reinheit des Ortes. Von der Kanzel hält der Imam (Vorbeter) die Freitagspredigt, die auch politische Themen aufgreifen kann. Die Nische in Gebetsrichtung, der wichtigste Bauteil, bleibt leer. Geometrische Ornamente, Arabesken und kunstvoll geschriebene Koranverse bezeugen das Bilderverbot des Islam.

Muslim heißt der, „der sich Gott ganz hingibt" und ist ein Lebensprogramm: Der Gläubige vertraut sich Gottes *Leitung* durch den Koran an und folgt der Scharia, den islamischen Gesetzen. Ihren Kern bilden die „fünf Säulen des Islam":

1. Das Bekenntnis zu einem wahren Gott (*die Shadâda*),
2. das Gebet (*die Salat*),
3. das Fasten im Monat *Ramadan*,
4. die Religionssteuer, die dem Unterhalt der Armen, der Gemeinden und des Heeres dient,
5. die *Wallfahrt* nach *Mekka* wenigstens einmal im Leben, falls sie gesundheitlich und finanziell zumutbar ist (geschätzte Teilnehmerzahl: 10 %).

Muslime sollen als Brüder Solidarität üben, vergeben, Böses mit Gutem vergelten und Frieden stiften. Von Nichtmuslimen grenzt man sich u.a. durch Ehe- und Speisegesetze ab. Mit Juden und Christen – den *Schriftbesitzern* und *Schutzbefohlenen* – ist begrenzte Gemeinschaft erlaubt, Ungläubige gelten dagegen als Feinde Gottes. Die Pflicht zum *Heiligen Kampf* (**Dschihâd**) für die Sache Gottes – nicht im Sinne eines Heiligen Krieges – dauert an, bis alle zum Islam bekehrt sind.
Das Leben von Muslimen wird von zahlreichen Festen begleitet. Das **Fest des Fastenbrechens**, das am Ende des Fastenmonats Ramadan (türkisch *Zuckerfest*) ausgelassen mit überreichen

Speisen begangen wird, gehört ebenso dazu wie das **Opferfest**, das an den Stammvater Ibrahim (Abraham) und dessen Glaubenseifer erinnert.

6.3 Hinduismus – Sammelname der Religionen Indiens

> „Im Mittelpunkt des Hinduismus steht der Schutz der Kuh", schreibt der indische Freiheitskämpfer Gandhi. „Für mich ist der Schutz der Kuh eine der wunderbarsten Erscheinungen in der menschlichen Entwicklung … Für mich bedeutet die Kuh die ganze nichtmenschliche Schöpfung. Durch die Kuh ergeht an den Menschen der Auftrag, seine Einheit mit allem, was lebt, zu verwirklichen … Man kann Mitleid an dem freundlichen Tier lernen. In Indien ist sie die Mutter der Millionen. Schutz der Kuh heißt Schutz der gesamten stummen Kreatur Gottes. Dies ist das Geschenk des Hinduismus an die Welt."

So befremdlich dem Leser auch diese Zeilen Gandhis erscheinen mögen, so deutlich lassen sie doch die Kluft zwischen östlichem und westlichem Ideal erkennen, was die Einstellung zur Natur betrifft. Barmherzigkeit und tiefes Mitleid gegenüber aller Kreatur, Reinheit, Selbstbeherrschung, Wahrheit, Gewaltlosigkeit, Yoga und religiöse Riten helfen dem Hindu auf dem Weg, hinter der unbeständigen materiellen Welt die unsichtbare Quelle des Lebens und aller Dinge zu finden, gleichsam das Gesicht hinter der Maske zu entdecken. Wie dies zu beschreiben sei, ist umstritten. Sind die unzähligen Götter Indiens nur Erscheinungsformen des Einen? Oder haben sie eine eigenständige Existenz? Eine eindeutige Antwort auf diese Fragen gibt der Hinduismus nicht. Auch ein einheitliches Glaubensbekenntnis ist ihm fremd.

Die geschichtlichen Anfänge des **Hinduismus** liegen im Dunkeln. Erst ab dem 4. vorchristlichen Jahrhundert bilden sich die heutigen Glaubensformen und Glaubensrichtungen. Ihnen ist

– bei aller Vielfalt der Ausprägungen – gemeinsam, dass sie die **Veden** als heilige Schriften anerkennen. Dem Außenstehenden fällt es sehr schwer, in die hinduistische Glaubenswelt einzudringen. Auffällig ist die Beziehung von Einheit und Vielfalt alles Lebendigen, das Verhältnis von Allgemeinem (**Brahman**) und Persönlichem (**Atman**). Viele Wege führen zum Einswerden mit Brahman. Dabei bestimmt jeder Gedanke und jede Tat die weitere Zukunft auf dem Weg zu diesem Ziel, wie es die Lehre vom **Karma** darlegt. In einem neuen Leben wird der Mensch entsprechend seinem Karma, d. h. der Anhäufung von guten und bösen Taten im früheren Leben, in einer höheren bzw. niedrigeren Kaste oder gar in einer bestimmten nicht-menschlichen Lebensform wiedergeboren.
Eben dieses Kastensystem ist am Hinduismus oft kritisiert worden, da es mit – christlichen – Vorstellungen von sozialer Gerechtigkeit nicht in Übereinstimmung zu bringen sei. Doch wird man gerechterweise anführen müssen, dass der Hinduismus in seiner Vielfältigkeit auch hier durchaus offen ist für weitere Entwicklungen. Der gläubige Hindu **Mahatma Gandhi** z. B. trat vehement für die Kastenlosen, die Parias, ein.

Höchst schwierig ist es für den westlichen Menschen, Zugang zur unübersehbaren Götterwelt Indiens zu finden. Ursprünglich weniger wichtige Gottheiten sind im Laufe der Geschichte aufgestiegen, andere sind belanglos geworden. Im hinduistischen Götterhimmel stehen so zuweilen **Vishnu**, **Shiva** oder **Durga** als Hochgott oder Hochgöttin an der Spitze von Göttern und Halbgöttern, Geistern und Dämonen sowie Naturkräften, die als Personen in prunkvollen Festen und Kulten verehrt werden.
Drei große männliche Götter beherrschen vor allem den Himmel der unzählbaren kleineren Gottheiten: **Brahma** als der Schöpfergott, **Wischnu/Vishnu** als der Lebenserhalter, **Schiva/Shiva** als der Zerstörer und Erneuerer. Diese drei Götter werden auch als Einheit, Zweiheit oder Vierheit (**Krishna** kommt noch hinzu) verbunden gesehen. Geht man von der Einheit der Götter

aus, ist Vishnu oder Shiva der allerhöchste Gott. Wird Vishnu am höchsten verehrt, sind Shiva und Brahma nur dessen Ausstrahlungen. Steht Shiva ganz oben, kommt Vishnu und Brahma eine untergeordnete Rolle zu. Die Zweiheit wird durch die Gottheit Vishnu-Shiva oder Shiva-Vishnu charakterisiert. Bei der göttlichen Vierheit wird noch Krishna als Verkörperung Vishnus neben Shiva, Brahma und Vishnu gesehen. Neben diesen männlichen werden allerdings auch weibliche Gottheiten verehrt. **Lakshmi** steht für die Schöpfung, **Gauri** und **Sarasvati** für die Erhaltung und **Kali** für Zerstörung und Erneuerung.

Für den westlichen Menschen beeindruckend am Hinduismus ist die große Innerlichkeit und Frömmigkeit vieler Hindus, die sich in der meditativen Versenkung, in Gewaltlosigkeit und in einer Haltung des Mitleids mit allem Lebendigen zeigen kann. So verwundert es nicht, dass auch westliche Denker – wie z. B. *Arthur Schopenhauer* und *Albert Schweitzer* – sich vom Hinduismus angezogen fühlten.

6.4 Buddhismus

Ruhe und Konzentration strahlt die Buddhafigur aus. Die Gestalt sieht aus wie jemand, der eine Erkenntnis gefunden hat und sie in sich aufbewahrt.

Die Figur ist **Gautama Siddhartha** gewidmet, der um das Jahr 560 v. Chr. als Sohn eines Königs oder mächtigen Großgrundbesitzers im Himalayagebiet (dem heutigen Nepal) geboren wurde.

Der Buddhismus stützt sich auf Gautama Siddhartha.

> Nach einem unbeschwerten Leben begegnete er – der Legende nach – bei einer Fahrt in die Stadt nacheinander einem Greis, einem Kranken, einem Toten und einem Mönch. Die Beobachtung, dass der Mensch von Krankheit und Tod, d. h. von Leid bedroht ist, erschütterte ihn so stark, dass er seine Familie verließ und fortan als Mönch und Einsiedler lebte, um eine Antwort auf seine Fragen zu bekommen: Woher kommt das Leid? Wie kann ich mich vom Leiden befreien? Nach vielen vergeblichen Versuchen hatte er unter einem Feigenbaum eine Erleuchtung, die ihn zu den vier edlen Wahrheiten führte und ihm fortan den Titel Buddha (der Erleuchtete) verlieh. Während seines Lebens als Wanderprediger überzeugte er viele Menschen von seiner Lehre. Mit 80 Jahren starb er in der Gewissheit, ins *Nirwana* einzugehen und kein Leid mehr zu empfinden.

Der Buddhismus ist aus der Religion der Brahmanen entstanden, die man später Hinduismus nannte. Buddha hat wesentliche Elemente des Brahmanismus in seine Lehre übernommen wie z. B. den Glauben an die Wiedergeburt, hat sich aber in anderen Punkten, so z. B. der Erlösungslehre, davon gelöst.
Kernpunkt seiner Lehre sind die *vier edlen Wahrheiten*, die er als Erleuchteter fand. Alles Leben wird darin als Leid gedeutet, das aus dem *Lebensdurst* erwächst, ein Ende des Leidens ist folgerichtig nur möglich durch die *Aufhebung aller Begierde* nach Leben. Den Heilszustand, der das Leiden beendet und aus dem Kreislauf der Wiedergeburt befreit, nennt er **Nirwana**, was so viel bedeutet wie *Verlöschen* oder *Verwehen*.

Um in dieses Nirwana einzugehen, muss man den „achtteiligen Pfad des rechten Wollens, Redens, Lebens und Sichversenkens" einschlagen. Daraus geht hervor, dass es sich – anders etwa als im Christentum – ursprünglich vor allem um eine Religion der Selbsterlösung handelt. Die buddhistische Ethik enthält fünf Hauptverbote: nicht töten, nicht stehlen, nicht lügen, keinen unerlaubten Geschlechtsverkehr vollziehen und nichts Berauschendes zu sich nehmen.

Seit dem 2. Jahrhundert v. Chr. haben sich drei bedeutende Richtungen im Buddhismus herausgebildet:

1 Der **Theravada-Buddhismus** bzw. abwertend Hinayana („kleines Fahrzeug") ist die älteste Form und vor allem von Mönchen bestimmt. Verbreitung: Sri Lanka, Burma, Thailand, Kambodscha, Laos, Vietnam.

2 Der **Mahayana-Buddhismus** („das große Fahrzeug") ist weniger streng und asketisch und hat sich etwa seit dem 2. Jahrhundert n. Chr. entwickelt. Neben Meditation als Weg der Erlösung – in der Ordensgemeinschaft leichter zu praktizieren – tritt das große Gebot des Mitleids mit allen Lebewesen. Reich geschmückte Tempel und prachtvolle Gottesdienste zeigen ebenfalls an, dass es sich beim Mahayana um eine volkstümlichere, weil anschaulichere buddhistische Glaubensrichtung handelt. Sie ist am meisten verbreitet (China, Mongolei, Korea und Japan).
In Japan spielt **Zen** als Variante des Buddhismus eine große Rolle. Im **Amida-Buddhismus**, einer japanischen Richtung des Buddhismus (seit ca. 1150), wird jedes Bemühen um die Erlösung aus eigener Kraft verworfen. Stattdessen vertraut der Gläubige auf die zugesagte Gnade von Amida-Buddha (göttliches Urbild des historischen Buddha), wonach der Einlass ins Paradies unverdient geschenkt wird.

3 Daneben gibt es noch den **Vajrayana-Buddhismus** („das diamantene Fahrzeug"), eine Form des Buddhismus, die sich seit dem 7. Jahrhundert n. Chr. in Tibet und Nepal entwickelt hat und dessen Oberhaupt der Dalai Lama ist.
Da die ursprüngliche Lehre Buddhas keine Aussage über Gott enthält, ist es fraglich, ob im engeren Sinne von *Religion* (Glaube an die Existenz eines oder mehrerer Götter) gesprochen werden kann. Heutzutage ist der Buddhismus für viele wegen seiner asketischen und meditativen Elemente von großer Anziehungskraft.

6.5 Sondergemeinschaften

Die von einer größeren Religionsgemeinschaft abgespaltenen kleineren Gruppierungen werden als **Sondergemeinschaften** bezeichnet, wenn sie einen Teil des Glaubens der betreffenden Religion besonders hervorheben. Oft orientieren sich Mitglieder in Sondergemeinschaften an der Gestalt eines charismatischen Führers, der ihnen religiöse und psychische Sicherheit bietet.
Ähnlich wie in der Politik die Beziehung der Opposition zur Regierung, lässt sich auf religiösem Gebiet das Verhältnis von Sondergemeinschaften zu ihrer jeweiligen Großkirche bestimmen: Sie fordern zum Überdenken des eigenen Standpunktes heraus. Da der Glaube der Sondergemeinschaften jedoch zumeist Anspruch auf absolute Wahrheit erhebt, ist eine ökumenische Zusammenarbeit zwischen Sondergemeinschaften und Volks- und Freikirchen oft nicht möglich.

Lern-Check: Teste dein Wissen!

Kapitel „Religionen und Weltanschauungen“	O.K. ✓	Das muss ich noch mal lesen
Ich kann – in ganz knappen Zügen – Grunddaten zur Geschichte Israels und des Judentums wiedergeben.		S. 91–98
Ich kann Beispiele jüdischen Lebens und jüdischen Glaubens (etwa bezüglich von Schabbat, Hauptfesten, Synagoge) erklären.		S. 98, 99
Ich kann das „Programm“ des Islam als „Hingabe an Gott“ charakterisieren.		S. 99–104
Ich kann Beispiele muslimischen Lebens (etwa die fünf Säulen) erläutern.		S. 103
Ich kann zwischen Sunna und Schia unterscheiden.		S. 101–105
Ich kann die Bedeutung des Koran für Muslime und Musliminnen erklären.		S. 102, 103
Ich kann in Grundzügen erläutern, welche Konsequenzen im Alltag aus dem muslimischen Glauben resultieren.		S. 103–105
Ich kann – in ganz knappen Zügen – Grunddaten zum Hinduismus und zum Buddhismus wiedergeben.		S. 105–109
Ich kann die großen Strömungen im Buddhismus nennen.		S. 109
Ich kann erläutern, dass es neben den großen Kirchen auch Sondergemeinschaften gibt.		S. 110

7 Mensch-Sein

7.1 Schöpfung und Evolution

Wer schon einmal im Affenhaus eines zoologischen Gartens vor dem Käfig der Gorillas oder Schimpansen dem Treiben der Affen zugeschaut hat, kennt wohl dieses Gefühl: Mensch und Affe trennt nicht nur das Gitter, nein, es gibt eine Kluft zwischen Tier und Mensch. Und doch ist der Betrachter zuweilen auch belustigt von Verhaltensweisen, die allzu sehr an Menschliches erinnern. „Was ist der Affe für den Menschen? Ein Gelächter oder eine schmerzvolle Scham?", schreibt Friedrich Nietzsche. Der Nachdenkliche wird herausgefordert, die Stellung des Menschen im Zusammenhang der ganzen Schöpfung zu bedenken.
Die Beziehung zwischen Affe und Mensch kann die Abstammungstheorie von Charles Darwin (1809–1882) aus naturwissenschaftlicher Perspektive klären helfen. Danach hat sich Leben in einem langen Zeitraum von etwa 1–2 Milliarden Jahren von niederen zu höheren Formen entwickelt. Aus dieser stammesgeschichtlichen Entwicklung, *Evolution*, die durch *Mutation* (Veränderung im Erbgut) und *Selektion* (Zuchtauswahl aufgrund von Umwelteinflüssen) im „Kampf ums Dasein" zustande kam, ist nach Darwin während der letzten 60 Millionen Jahre auch der Mensch hervorgegangen. Affe und Mensch haben also einen gemeinsamen Vorfahren. Alles Leben hat einen gemeinsamen Ursprung. Darwin spricht voll Bewunderung für die Schöpfung davon:

> Es liegt etwas Großartiges in dieser Ansicht vom Leben, wonach es ... von dem Schöpfer aus wenigen Formen, oder vielleicht nur einer, ursprünglich erschaffen wurde; und dass, während

> dieser Planet gemäß den Gesetzen der Schwerkraft im Kreise sich bewegt, aus einem so schlichten Anfang eine endlose Zahl der schönsten und wundervollsten Formen entwickelt wurden und noch entwickelt werden.

Charles Darwin hat zu seiner Zeit viel Widerstand erfahren, vor allem auch von kirchlicher Seite. Ein allzu wörtliches Verständnis der biblischen Schöpfungserzählungen (Gen 1,1 ff.) legte es nahe, eine unüberbrückbare Kluft zwischen Glaube und Evolutionstheorie zu sehen. Die Bibel will jedoch überhaupt keine naturwissenschaftlichen Aussagen machen. Das erkennt man schon daran, dass am Anfang der Bibel zwei ganz unterschiedliche Schöpfungsgeschichten vorzufinden sind:

> In Gen 1,1–2,4a steht die Sabbatruhe Gottes nach all seinem schöpferischen Tun im Mittelpunkt. Genau genommen handelt es sich hier um ein hymnisches Lied, das im Gottesdienst gesungen wurde. Gen 2,4b–3.24 wiederum konzentriert sich auf die Darstellung der Grundzüge des Mensch-Seins, des Sündigwerdens und der göttlichen Gnade.

Es geht der Bibel also nicht darum zu erklären, wie Gott die Welt im Einzelnen erschaffen hat, sondern um ein Verständnis der Welt aus dem Glauben an Gott als den Schöpfer. Das kann einschließen, dass – nach unserem heutigen naturwissenschaftlichen Verständnis der Welt im Sinne Darwins – Leben sich immer noch weiterentwickelt. Aus dem Schöpfungsglauben ergibt sich für den Menschen angesichts der Möglichkeit weiterer Evolution eine entscheidende Verantwortung.

7.2 Mensch-Sein aus der Sicht des Glaubens

Nach christlichem Verständnis ist der Mensch grundsätzlich gekennzeichnet durch Individualität und vor allem Personalität. **Individualität** bedeutet – wörtlich aus dem Lateinischen übersetzt – „Unteilbarkeit“; insofern kann auch Tieren Individualität zukommen. Der Begriff **Personalität** kommt aus der Antike, wo die alten Römer das Wort *persona* im Sinne von *Gesicht* benutzten. Mit *persona* war bei einer Theatervorführung, die mit Masken gespielt wurde, das gemeint, was von dem jeweiligen Schauspieler durch seine Maskierung *hindurchtönte* (*personare* = lat.: hindurchtönen; *persona* = lat.: Maske), also seine Einzigartigkeit, seine Persönlichkeit. Die Personalität des Menschen wird in Judentum und Christentum theologisch damit begründet, dass er als *Bild Gottes* geschaffen ist. Die Einzigartigkeit Gottes verweist so auf die Personenhaftigkeit des Menschen.

7.3 Ebenbild Gottes

Nach dem Schöpfungslied der biblischen Priesterschrift (Gen 1,27) ist die **Gottebenbildlichkeit** des Menschen nicht äußerliches Attribut; sie bezieht sich nicht auf sein Aussehen und seine Gestalt, sondern auf sein Wesen, das vom Geist Gottes so geprägt ist, dass Mensch und Gott in Beziehung zueinander treten können. Darin liegt die besondere Würde des Menschen gegenüber allen anderen Geschöpfen. Zugleich ist mit der Gottebenbildlichkeit die Bestimmung des Menschen benannt: Er soll der Sachwalter Gottes in der Schöpfung sein, Stellvertreter des Schöpfers. Mit dem göttlichen Auftrag, sich die Erde untertan zu machen und über die übrigen Geschöpfe zu herrschen (Gen 1,28), ist dem Menschen die Welt nicht zu seiner freien und willkürlichen Verfügung übereignet, sondern dieser Auftrag bleibt gebunden an die Verpflichtung, als Sachwalter des Schöpfers in Ehrfurcht vor dem Leben die Schöpfung zu bewahren.

Der Wert menschlichen Lebens ist unabhängig von seinem Nutzen in der Gesellschaft, von seiner Intelligenz, seiner Gesundheit oder seinem Alter. Im Blick auf die christliche Vorstellung vom Menschen hat Heinrich Böll in seiner Nobelpreisrede 1972 sein bedenkenswertes Bekenntnis formuliert:

> Selbst die allerschlechteste christliche Welt würde ich der besten heidnischen vorziehen, weil es in einer christlichen Welt Raum gibt für die, denen keine heidnische Welt je Raum gab: für Krüppel und Kranke, Alte und Schwache; und mehr noch als Raum gab es für sie: Liebe, für die, die der heidnischen wie der gottlosen Welt nutzlos erschienen und erscheinen.

Menschliches Leben erhält seinen Sinn nicht von irgendeinem Nutzen her. Nach dem dänischen Religionsphilosophen Sören Kierkegaard besteht der eigentliche Sinn des Lebens darin, dass der Mensch eine Verbindung mit dem personalen Gott haben kann. Christen sehen in Jesus Christus den wahren Menschen verkörpert.

Hinduismus und Buddhismus neigen zu einer Vorstellung von Gott und Mensch, die als nicht personal zu betrachten ist. Menschen streben dementsprechend nach der Erkenntnis ihrer eigenen Identität mit Gott als unpersönlicher Größe. Ausdruck dieser Religiosität ist das mystische Gefühl der Einheit mit allem Lebendigen, das sich in Mitleid mit aller Kreatur zeigt.

1. Schöpfungsgeschichte ist der Priesterschrift zuzuordnen. Entstehung (587 v. Chr.)
2. Schöpfungsgeschichte wird dem Jahwisten zugeordnet. (1200 v. Chr.)

Lern-Check: Teste dein Wissen!

Kapitel „Mensch-Sein“	O. K. ✔	Das muss ich noch mal lesen
Ich kann die Beziehung zwischen „Schöpfung“ und „Evolution“ bestimmen und erklären, warum kein Gegensatz zwischen Schöpfungsglaube und naturwissenschaftlicher Evolutionstheorie bestehen muss.		S. 112, 113
Ich kann erläutern, was Mensch-Sein aus der Sicht des Glaubens bedeutet.		S. 113, 114
Ich kann darlegen, wie die biblische Rede vom Menschen als „Ebenbild Gottes“ interpretiert werden kann.		S. 114, 115
Ich kann vor dem Hintergrund der Kenntnis eines christlichen Menschenbildes erklären, welche Vorstellungen vom Menschen in Hinduismus und Buddhismus vorherrschend sind.		S. 115

Die Kreationisten:

- lehnten historisch-kritische Methode ab
- biblische Schöpfungsgeschichten sind für sie naturwissenschaftliche Berichte

Kritik:

- fundamentalistische Methode übersieht den unterschiedlichen Sitz im Leben der Glaubensüberlieferung

Welt und Verantwortung

8.1 Was versteht man unter „Liebe"?

Nach christlichem Verständnis ist eine Handlung gut, wenn sie durch Liebe bzw. Nächstenliebe motiviert ist. Der Begriff *Liebe* hat jedoch ganz unterschiedliche Bedeutungen und Nuancen. Man kann – je nach Zusammenhang – Fürsorge, Mitleid, Sympathie, Zärtlichkeit, Gewähren, Begehren oder Hingabe damit assoziieren.
Drei große Bereiche werden häufig unterschieden: die **Agape**, d. h. die Gottes- und Nächstenliebe; die **Erotik**, das liebende Gefühl; die **Sexualität**, die geschlechtliche Liebe. Das bedeutet jedoch nicht, dass man diese Bereiche auseinanderreißen darf. Menschliche Sexualität bedarf der Erotik. Nächstenliebe hat auch – allerdings nicht nur – mit Gefühl zu tun. Während Erotik auf das Liebenswerte ausgerichtet ist, richtet sich die Nächstenliebe – wie sie im NT beschrieben wird – auch auf den, der gefühlsmäßig nicht sympathisch erscheint.

In der Hebräischen Bibel wird unter anderem die erotische Liebe zwischen den Geschlechtern ganz unbefangen beschrieben. Der schönste Lobpreis auf die Liebe zwischen Mann und Frau befindet sich im Hohenlied, dem „Lied der Lieder".
Im griechischen NT ist u. a. von der Agape die Rede. Damit ist zunächst das Verhältnis der Menschen untereinander gemeint. Im 1. Korintherbrief (13,1 ff.) wird diese Liebe in einzigartiger Weise gepriesen.
Aber die Bibel kennt nicht nur die Liebe, um das Verhältnis der Menschen untereinander zu beschreiben. Zentral ist die Rede von der **Gottes- und Nächstenliebe** (Lev 19). Dabei wird der

Ursprung der Liebe in Gott gesehen. Im 1. Johannesbrief (4,7 ff.) heißt es etwa:

> ... die Liebe ist aus Gott, und jeder, der liebt, ist aus Gott ... Wer nicht liebt, hat Gott nicht erkannt, denn Gott ist die Liebe ... Darin besteht die Liebe, nicht dass wir Gott geliebt haben, sondern dass er uns geliebt hat ... Wir lieben, weil er uns zuerst geliebt hat. Wenn einer behauptet: ‚Ich liebe Gott' und seinen Bruder hasst, dann ist er ein Lügner. Denn wer seinen Bruder, den er vor Augen hat, nicht liebt, der vermag Gott, den er nicht gesehen hat, erst recht nicht zu lieben. Und wir haben dieses Gebot von ihm: Wer Gott liebt, soll auch seinen Bruder lieben.

Von den Humanwissenschaften wissen wir, dass es auch von den ersten Bezugspersonen eines heranwachsenden Kindes abhängt, ob ein Mensch sich zu voller Liebesfähigkeit entwickeln kann.
Dass die tätige Liebe – aus dem Glauben, zuerst geliebt worden zu sein – geradezu zum entscheidenden Kriterium des ethisch richtigen Handelns werden kann, verdeutlicht eine Formulierung des Kirchenvaters Augustinus: „Ama et fac quod vis!" – „Liebe, und tue, was du willst!"
Dass es allerdings gar nicht leicht ist, diese Maxime im eigenen Leben umzusetzen, erfahren Menschen, wenn ihnen in den verschiedenen Situationen bewusst wird, wie sie in ihren Handlungen scheitern. Ihr Gewissen schlägt. Obwohl das Gewissen als Teil der Persönlichkeit jedem Menschen bekannt und unmittelbar zugänglich ist, lässt sich seine Beschaffenheit nur vage umschreiben.

8.2 Was ist „Gewissen"?

Das Gewissen kann allgemein verstanden werden als Instanz, die dem einzelnen Menschen abfordert, sich selbst Rechenschaft über sein Handeln abzulegen. Es beinhaltet durch Erziehung verinnerlichte (internalisierte) Verhaltensregeln und moralische Vorstellungen. Es kann aber nicht mit diesen gleichgesetzt werden, da Gewissen als ursprüngliches Phänomen grundsätzlich zur Person gehört, sittliche Vorstellungen jedoch dem geschichtlichen bzw. gesellschaftlichen Wandel unterworfen sind.

Gewissen wurde und wird auch heute noch häufig als „innere Stimme" verstanden, die den Menschen in die Verantwortung ruft. Im Gewissen wird ein unbedingter Anspruch erfahren. Die Begegnung mit einer solchen Forderung thematisieren die Religionen, wenn sie vom Gewissen als „Stimme Gottes" sprechen. Im Judentum und Christentum wird das Doppelgebot der Gottes- und Nächstenliebe zum Inhalt des Gewissens.

Jedem moralischen Anspruch Gottes geht sein Zuspruch voraus. Vor jeder ethischen Forderung steht – nach christlicher Überzeugung – die Verkündigung der bedingungslosen Liebe Gottes.

Eine besondere Bedeutung bei der Erforschung des Gewissens kommt der Tiefenpsychologie bzw. der Psychoanalyse zu. Gewissen wird hier mit dem Über-Ich in Verbindung gebracht, dem die Aufgabe zufällt, Regungen aus der Triebschicht des Menschen zu kontrollieren. Ein zu starkes Über-Ich kann zu massiven Störungen der Psyche (Neurosen) bis hin zu seelisch bedingten Krankheiten führen.

8.3 Was ist „Sünde" und „Sündenvergebung"?

Die Bibel spricht im Zusammenhang mit moralischem Scheitern vom Sündenfall. Das Buch Genesis zeugt davon: Gott hat die Welt samt dem Menschen sehr gut erschaffen (Gen 1,31). Die in Kapitel 3,1–7 überlieferte Erzählung vom Sündenfall will zeigen, dass nicht Gott verantwortlich ist für die Sünde, sondern dass die Menschen sie in die Welt bringen.

Aber auch Sündenvergebung ist zutiefst biblisch: „... und vergib uns unsere Schuld, wie auch wir vergeben unseren Schuldigern". Nach der fünften Bitte des Vaterunsers ist die Sündenvergebung eine Angelegenheit zwischen Gott und Mensch sowie zwischen Mensch und Mensch. Dabei ist die göttliche Vergebung der von Menschen untereinander vorgeordnet. Denn: Vergebung zwischen Menschen ist nur dort praktizierbar, wo sie selbst erfahren wurde.

Ziel der Sündenvergebung ist es, das durch das sündige Tun des Menschen gestörte Verhältnis zu Gott wiederherzustellen. Die Vergebung der Sünden besteht darin, dass Gott mit dem Sünder in persönlichen Kontakt tritt. Somit ist Sündenvergebung primär immer eine Tat Gottes. Wie aber ist sie erfahrbar, erlangbar? Die katholische Kirche verweist hier auf das Sakrament der Buße: Voraussetzung für die Sündenvergebung ist das Eingeständnis der eigenen Schuld in der Beichte. Erst dann kann der die Beichte hörende Priester im Namen Gottes dem Sünder vergeben.

Auch in der evangelischen Kirche ist die Sündenvergebung an das Bekennen der Schuld gebunden. Ein Bußsakrament wie in der katholischen Kirche gibt es jedoch dort nicht. Neben die nur selten praktizierte Ohrenbeichte tritt die allgemeine Beichte durch das Sündenbekenntnis bzw. das allgemeine Beichtgebet in der gottesdienstlichen Abendmahlsfeier.

Jom Kippur – das jüdische Versöhnungsfest

Riten zur Bewältigung von Schuld und Vergebung von Sünden finden wir auch in anderen Religionen. Im antiken Judentum gab es den Brauch, am **Versöhnungsfest (Jom Kippur)** dem Sündenbock, d. h. einem Ziegenbock durch die Handauflegung des Hohen Priesters alle Sünden der Israeliten zu übertragen (Lev 16,5-10). Traditionell beginnt das jüdische Jahr mit einer Bußzeit (Sept./Okt.). Es heißt: Am Neujahrstag schreibt Gott das Urteil über den Menschen, am Versöhnungstag besiegelt er es – dazwischen liegt eine Gnadenfrist von 10 Tagen, um sich mit seinen

Mitmenschen auszusöhnen, Gutes zu tun und Gottes Vergebung zu erflehen. An Jom Kippur fasten die Gläubigen 24 Stunden. Das ganztägige Gebet in der Synagoge endet mit dem feierlichen Sch'ma und dem urtümlichen Klang des Widderhorns, das an die Tempelliturgie erinnert: Nur am Versöhnungstag sprach der Hohe Priester den göttlichen Namen JHWH aus und betrat das Allerheiligste. Dann übertrug er symbolisch dem Sündenbock alle Sünden Israels und jagte ihn in die Wüste, gemäß der göttlichen Weisung: „Du sollst das Böse fortschaffen aus deiner Mitte!" (Dtn 13,6 u. ö.). Der mit den Sünden beladene Ziegenbock nahm alle Missetaten des Volkes mit sich, sodass Israel entsühnt wieder vor Gott treten konnte.

Die Hebräische Bibel zeigt den Menschen immer wieder als versöhnungsbedürftig. Versöhnung bedeutet die Vergebung von Schuld (Jer 18,23) oder die Reinigung von Schuld (Jer 33,8). Die Versöhnung wird immer von Gott erwirkt (Jes 44,22), kann aber auch durch einen priesterlichen Mittler zugesprochen werden (Ex 9,27 ff.; Lev 14,19). Dabei wird die Versöhnung auch in einem Ritus kultisch vollzogen (Lev 14,19 f.); es sind genaue Vorschriften zu beachten. Versöhnung setzt die Umkehr voraus (vgl. Ex 9,27). Besondere Bedeutung hat in Israel der Versöhnungstag, der in Lev 16 beschrieben wird.

Das NT sieht die Versöhnung durch Jesus und seinen Kreuzestod realisiert. Durch den Tod Jesu ist der Glaubende gerechtfertigt (Röm 3,21 ff.); so ruft Paulus in 2 Kor 5,20 die Korinther dazu auf, sich mit Gott versöhnen zu lassen. In Mk 10,45 spricht Jesus von sich als dem leidenden Menschensohn, der sein Leben hingibt als Lösegeld für viele. Das Eingehen auf die Versöhnungstat Christi ist Teilhabe am Versöhnungshandeln Gottes (vgl. Hebr 7,27).

8.4 Fragen der Ethik in Philosophie und Religion

> Was soll ich tun? Wie soll ich mich meinen Mitmenschen gegenüber verhalten? Und auch: Wie soll ich mit mir selbst, wie darf ich mit der nicht-menschlichen Umwelt umgehen? Habe ich eine Verpflichtung, mich politisch zu engagieren?

Antworten auf diese Fragen werden in der philosophischen Ethik auf denkerischem Weg gesucht, in den Religionen erfolgen sie im Einklang mit der Vernunft unter Berufung auf den Willen Gottes, der auch im Gewissen erfahrbar werde. Die Berufung auf den Willen Gottes und das Gewissen steht dabei nicht im Kontrast, sondern in Entsprechung zur denkerischen Suche.
Es gibt verschiedene ethische Richtungen, in denen versucht wird, Werte und Normen für das Handeln umfassend philosophisch zu begründen, z. B.:

- Im **Eudämonismus** wird von der „Glückseligkeit" her das letzte Ziel menschlichen Handelns zu ergründen versucht.
- Der **Utilitarismus** setzt ebenfalls das Glück im Sinne der Erfüllung menschlicher Bedürfnisse für eine möglichst große Zahl von Menschen als obersten Wert an.
- Die **Naturrechtsethik** versucht, aus der in der Natur wahrgenommenen Ordnung auf Gesetzmäßigkeiten eines ethisch guten Handelns zu schließen.
- Der **Pflichtethik** geht es darum, den sittlichen Anspruch zu verallgemeinern und widerspruchsfrei zu formulieren; das oberste, formalste und allgemeingültige Prinzip wird im kategorischen Imperativ von Immanuel Kant gesehen.

Um die unterschiedlichen ethischen Ansätze zu ordnen, sind verschiedene Kriterien herangezogen worden. So unterscheidet Max Weber zwischen **Gesinnungsethik** und **Verantwortungsethik**. Als Gesinnungsethik wird ein Handeln bezeichnet, das

sich ausschließlich an für gut gehaltenen Prinzipien orientiert, ohne zunächst praktische, oft nicht voraussehbare Nebenfolgen zu berücksichtigen. Dem Gesinnungsethiker geht es in erster Linie um die praktische Umsetzung seiner Gesinnung.
Der Verantwortungsethiker bedenkt bei seinem Tun stärker auch mögliche Folgen und Konsequenzen, er bezieht somit die Voraussetzungen politischer, gesellschaftlicher, bewusstseinsmäßiger oder einstellungsmäßiger Art in sein Denken mit ein. Bei Umweltproblemen reicht es etwa häufig nicht, das Beste gewollt zu haben; mit Sachverstand sind die Folgen von Eingriffen in die Natur bereits vor dem Handeln ethisch zu berücksichtigen. Das „Prinzip Verantwortung" – wie es Hans Jonas nennt – ist auch im Blick auf zukünftige Generationen gefragt.

8.5 Biblische Impulse für ethisches Denken

Der Dekalog

Neben philosophischen Überlegungen beeinflussen auch theologische Impulse die ethische Reflexion in unserem Kulturkreis.
In der Hebräischen Bibel erhält der **Dekalog** (Ex 20,2–17; Dtn 5,6–21) entscheidende Bedeutung. Ex 20,1–17 sowie Dtn 5,6–21 erzählen den Empfang der „Zehn Worte" am Sinai. Sie sind gewissermaßen das „Grundgesetz" Israels und bestimmen das Verhältnis JHWHs zu seinem Volk. Freilich sind es nicht in erster Linie Gebote, sondern einleitend steht die Zusage Gottes an sein Volk, die sich in der Vergangenheit schon bewährt hat („Ich bin JHWH, der dich aus Ägypten herausgeführt hat ..."). Die „Zehn Worte" zeigen Israel, wie es als Volk vor Gott sozial und politisch leben und überleben kann. Insofern ist es falsch, den Dekalog ausschließlich unter Gesichtspunkten der Ethik zu betrachten.
Bei einer zeitgeschichtlichen Würdigung können als bleibende Anstöße gelten: Sittlichkeit und Gottesverehrung gehören

zusammen; Leben, Eigentum und Wahrheit sind zu schützen, Menschen sind zur Gerechtigkeit und zum Schutz der Schwachen verpflichtet.
Einzelne Grundideen des Dekalogs wirken in **säkularisierter**, d. h. verweltlichter Form in den Menschenrechten fort.

Die Bergpredigt

Im NT übernimmt Jesus das jüdische Ethos seiner Zeit. Er verkündet den Anbruch der Gottesherrschaft: Menschen dürfen sich von Gott geliebt wissen und aus dieser Gewissheit der Zuneigung Gottes heraus ist ihnen die Gottes- und Nächstenliebe aufgetragen. Die Verkündigung Jesu ist insofern inhaltlich offen für Interpretationen in heutiger Zeit. Fundamental für die christliche Ethik bleibt, dass Gott durch die Erlösungstat Jesu Christi bereits vor allem menschlichen Handeln wirkt. Das bedeutet, dass der schuldig gewordene Mensch im Glauben Gottes Erbarmen erwarten darf. Dies enthebt ihn nicht der Aufgabe, moralisch zu handeln. So verstanden, hat ethisches Handeln nicht nur eine individuelle Dimension, sondern ist auch zutiefst politisch.

Die Bergpredigt ist uns in Mt 5–7 und Lk 6,20–49 überliefert und geht im Grundbestand auf die Spruchquelle Q zurück. Hier verkündet Jesus die in seiner Person sich bahnbrechende Gottesherrschaft. Matthäus hat aus der ihm überlieferten Predigt Jesu eine Rede geschrieben, die wie ein Programm wirkt. Die Rede trägt also die Handschrift des ersten Evangelisten und protokolliert nicht die Rede des irdischen Jesus. Aber sie bringt dessen Überzeugungen und Absichten deutlich zur Sprache.

Die Bergpredigt beginnt mit den **Seligpreisungen** an die Armen, Hungernden und Trauernden. Jesus vertröstet sie nicht auf ein besseres Jenseits, sondern spricht den Randgruppen und Geplagten das Heil gegenwärtig zu. Er lässt sie spüren, dass sie gerade aufgrund ihrer Not von Gott geachtet und angenommen sind.
Wenn Jesus sich denen, die unter der Welt zu leiden haben, mit

seiner ganzen Existenz zuwendet, dann macht er erfahrbar, was er unter Gottesherrschaft versteht: Es ist die Befreiung von der Entfremdung, die Durchsetzung des Willens jenes Gottes, der seine Geschöpfe liebt und sie nach seinem Bild geschaffen hat. Auch wenn die Welt diesem Bild Gottes vom Menschen unaufhörlich widerspricht, behalten die Aussagen Jesu ihre Gültigkeit. Die Seligpreisungen des Friedenstiftens oder der Gewaltlosigkeit bezeugen das Vertrauen Jesu, dass es den Menschen gelingen wird, diese Forderungen zu verwirklichen. Dazu will Jesus in seinem Umgang mit den Menschen den Weg weisen.

In den „Antithesen“ (Mt 5,21–48), in denen Jesus jeweils zuerst ein bekanntes Gebot aufführt, um es dann mit „ich aber sage euch“ gleichsam zu überbieten, bringt Jesus die Absichten des überlieferten Gesetzes neu zur Geltung. Beispielhaft legt er dar, dass Mensch-Sein und menschliches Zusammenleben nicht durch gesetzliche Vorschriften allein ermöglicht werden. Auch ein noch so ausgefeiltes System von Gesetzen kann von sich aus das Leben nicht gelingen lassen. Jesus stellt keine neuen, verschärften Gesetze auf, sondern führt letztlich die Frage „Was muss ich tun?“ *ad absurdum*. Das geht nach der Interpretation des Evangelisten so weit, dass er für das Judentum gesetzlich Erlaubtes für unerlaubt erklärt.

In der Mitte der Bergpredigt steht das **Vaterunser**, das davor bewahren will, vor den Anforderungen der Bergpredigt zu verzagen. Matthäus hat es aufgenommen, um die Nachfolge Jesu nicht als Ergebnis eigener Bemühung, sondern im Wesentlichen als von Gott geschenkt herauszustellen. Das ist einleuchtend, wenn man sich klarmacht, dass auch sonst die wesentlichen Dinge im Leben, die den Menschen voranbringen (Begabungen, zwischenmenschliche Beziehungen usw.), nicht aus eigener Leistung wachsen, sondern geschenkt werden. Das ist in der Bergpredigt zur Sprache gebracht und an Jesu Leben ablesbar. Entsprechend fordert Jesus in Mt 7, auch um die kleinen Dinge zu bitten, die keineswegs selbstverständlich sind, und jedem so zu begegnen, wie es den eigenen Lebensvorstellungen entspricht.

In der Bergpredigt Jesu jedoch einen Gegensatz zur Ethik der jüdischen Überlieferung zu sehen, wäre ebenso unzutreffend wie unzulässig, denn Jesus hat vieles, was im Judentum seiner Zeit vertreten wurde, konzentriert und programmatisch zur Sprache gebracht.

Ein Vers aus der Bergpredigt gibt eine eingängige Maxime für ein Handeln nach moralischen Maßstäben wieder, die *Goldene Regel*, wie diese wegen ihrer Klarheit genannt wird:

> Alles, was ihr von anderen erwartet, das tut auch ihnen.

Dieser in Mt 7,12 und Lk 6,31 überlieferte Spruch enthält eine Erfahrung, die jeder teilen kann. Wer z. B. freundlich behandelt werden will, wird anderen mit Freundlichkeit begegnen. Solch eine Verhaltensweise ist für alle einsichtig und ihr Prinzip beruht auf dem der Gegenseitigkeit. Kein Wunder also, dass die Goldene Regel keine spezifisch christliche Erfindung ist. Bereits im Judentum (maßgeblich formuliert von Rabbi Hillel), aber auch bei den Griechen und schon viel früher bei den alten Chinesen galt sie als die Summe aller praktischen Verhaltensregeln. Nicht erst in der christlichen Überlieferung bekam sie ihre besondere Ausprägung durch ihren Bezug auf das Doppelgebot der Liebe:

> Du sollst den Herrn, deinen Gott, lieben mit ganzem Herzen …
> Du sollst deinen Nächsten lieben wie dich selbst.
> *bzw.*
> Du sollst deinen Nächsten lieben, er ist wie du.
> *(Mt 22,40 unter Bezug auf Lev 19,18/34)*

Das Christentum stellte die Goldene Regel dem Liebesgebot gleich und sah in ihr die Summe der göttlichen Forderungen enthalten. Der Wert der Goldenen Regel liegt darin, dass das Handeln nicht durch feste Normen bestimmt ist, sondern durch die jeweilige Situation, in der sich die Handelnden befinden.

Lern-Check: Teste dein Wissen!

Kapitel „Welt und Verantwortung“	O. K. ✓	Das muss ich noch mal lesen
Ich kann den Begriff „Liebe“ definieren und herausarbeiten, was der Begriff in einem christlichen Kontext besagt.		S. 117, 118
Ich kann darlegen, was unter dem Gewissen zu verstehen ist.		S. 118, 119
Ich kann erläutern, welchen Beitrag das Christentum zu Fragen von „Sünde und Sündenvergebung“ leistet.		S. 119, 120
Ich kann am Beispiel des Jom Kippur erklären, dass auch in anderen Religionen „Sünde“ und „Vergebung“ eine wichtige Rolle im religiösen Leben spielen.		S. 120, 121
Ich kann einzelne gängige ethische Ansätze in Philosophie und Religion beschreiben.		S. 122, 123
Ich kann biblische Impulse für ethisches Denken (wie Dekalog, Bergpredigt) benennen.		S. 123–126

9 Texte der Religionen

9.1 Judentum

Das Sch'ma Israel ist das wohl am häufigsten gesprochene Gebet im Judentum. Es begleitet das ganze Leben des Juden. Man bewahrt es in der **Mesusa**, einer Kapsel am Türpfosten, und in den Kapseln der Gebetsriemen auf, man spricht es abends und morgens, in der Synagoge und zu Hause.

Auch in der Sterbestunde wird das Sch'ma gebetet:

> Höre, Israel,
> der Ewige ist unser Gott, der Einzig-Ewige!
> Du sollst lieben den Ewigen, Deinen Gott,
> mit Deinem ganzen Herzen, mit Deiner ganzen Seele
> und mit Deiner ganzen Kraft.
> Diese Worte sollen stets in Deinem Herzen sein.
> Du sollst sie Deinen Kindern einschärfen
> Und von ihnen reden, wenn Du in Deinem Hause sitzest,
> wenn Du auf dem Wege gehest,
> wenn Du Dich niederlegst
> und wenn Du aufstehst.

Das **Zehnwort**, der Dekalog, liegt uns in zwei verschiedenen Fassungen in der Hebräischen Bibel (Ex 20,1 – 17 und Dtn 5,6 –21) und in unterschiedlichen Überlieferungen der christlichen Konfessionen vor.

Ich bin der Herr, dein Gott, du sollst nicht andere Götter haben neben mir.
Du sollst den Namen des Herrn, deines Gottes, nicht unnützlich führen; denn der Herr wird den nicht ungestraft lassen, der seinen Namen missbraucht.
Du sollst den Feiertag heiligen.
Du sollst deinen Vater und deine Mutter ehren, auf dass dir's wohl gehe und du lange lebest auf Erden.
Du sollst nicht morden.
Du sollst nicht ehebrechen.
Du sollst nicht stehlen.
Du sollst nicht lügen.
Du sollst nicht begehren deines Nächsten Haus.
Du sollst nicht begehren deines Nächsten Frau, Knecht, Magd, Vieh oder alles, was sein ist.

(Eine gängige Fassung in Anlehnung an Martin Luther)

9.2 Christentum

Das **Apostolische Glaubensbekenntnis** ist als Text ab dem Jahr 340 nachzuweisen und wird vermutlich in Rom entstanden sein. Als Gebetstext bildet es einen zentralen Inhalt der Liturgie.
Das *Nizäno-konstantinopolitanische Glaubensbekenntnis* stellt eine erweiterte Form dieses Kredos dar, in dem auch noch Lehrsätze über Christus und den Heiligen Geist der ökumenischen Konzile – der den damals bekannten Erdkreis repräsentierenden Bischofsversammlungen – von Nizäa (325) und von Konstantinopel (381) zusätzlich Aufnahme gefunden haben.

Im *Apostolischen Glaubensbekenntnis* beten Christen:

> Ich glaube an Gott, den Vater,
> den Allmächtigen, den Schöpfer des Himmels und der Erde,
> und an Jesus Christus, seinen eingeborenen Sohn, unsern Herrn,
> empfangen durch den Heiligen Geist,
> geboren von der Jungfrau Maria,
> gelitten unter Pontius Pilatus, gekreuzigt,
> gestorben und begraben,
> hinabgestiegen in das Reich des Todes,
> am dritten Tage auferstanden von den Toten,
> aufgefahren in den Himmel;
> er sitzt zur Rechten Gottes, des allmächtigen Vaters;
> von dort wird er kommen zu richten
> die Lebenden und die Toten.
> Ich glaube an den Heiligen Geist,
> die heilige, katholische (christliche) Kirche,
> Gemeinschaft der Heiligen,
> Vergebung der Sünden,
> Auferstehung der Toten
> und das ewige Leben.
> Amen.

Im **Vaterunser**, dem zentralen Gebet aller Christen, betet Jesus (Lk 11,2–4 und Mt 6,9–13, im Folgenden der in christlichen Kirchen übliche Gebetstext):

> Vater unser im Himmel,
> Geheiligt werde dein Name.
> Dein Reich komme.
> Dein Wille geschehe, wie im Himmel so auf Erden.
> Unser tägliches Brot gib uns heute.
> Und vergib uns unsere Schuld,
> wie auch wir vergeben unsern Schuldigern.
> Und führe uns nicht in Versuchung,
> sondern erlöse uns von dem Bösen.

> Denn dein ist das Reich und die Kraft und die Herrlichkeit
> in Ewigkeit.
> Amen.

9.3 Islam

Im Koran gibt es 114 Suren, Abschnitte, die unter anderem Lieder, Gebete oder Erzählungen enthalten. Ein zentrales Thema ist die Einzigartigkeit Gottes als Schöpfer, als Richter wie auch als Lenker der Geschichte.

Al-Fatiha wird die den Koran eröffnende **Sure** genannt:

> Im Namen Gottes, des Gnädigen, des Barmherzigen.
> Preis sei Gott, dem Herrn der Welten,
> dem Gnädigen, dem Barmherzigen,
> dem Herrscher am Tage des Gerichts.
> Dir allein dienen wir, und zu Dir allein flehen wir um Beistand.
> Führe uns auf den rechten Weg,
> den Weg derer, denen Du Deinen Segen gewährt hast, die nicht Dein Missfallen erregt haben und die nicht irregegangen sind.

Der Muslim Süleyman Chelebi schreibt:

> Gottes Namen woll'n wir nennen allererst,
> das ist die Pflicht für jeden Menschen allererst.
> Wer des Namens Gottes zu Beginn gedenkt,
> Gott in jeder Arbeit ihm Erleicht'rung schenkt.

Spricht die Zunge einmal ‚Gott' voll Liebe hier,
fällt wie Herbstlaub alle Sünde ab von dir.

9.4 Hinduismus

Ein von östlicher Religiosität durchdrungenes Wort besagt: „Ein und derselbe Mond spiegelt sich in allen Wassern. Alle Monde im Wasser sind eins in dem einen einzigen Mond." Auf dem Hintergrund einer solchen Vorstellung ist ein Gebet an alle Götter wie das folgende zu betrachten:

Gute Gedanken sollen uns von allen Seiten kommen, unbeirrte, unerreichte, durchschlagende, auf dass die Götter uns immer zum Segen seien und sorgsame Beschützer Tag für Tag.

Der Götter Wohlwollen bringt den recht Wandelnden Glück, der Götter Gunst soll bei uns einkehren. Um der Götter Freundschaft haben wir geworben, die Götter sollen unsere Lebensfrist verlängern.

Lasset uns Gutes mit den Ohren hören, Gutes mit den Augen sehen, o ehrwürdige Götter! Die wir euer Lob gesungen haben, wir wollen mit starken Gliedern und Leibern das volle gottgesetzte Lebensalter erreichen.

Hundert Jahre liegen vor uns, ihr Götter, in denen ihr uns das Alter bestimmt habt, in denen die Söhne zu Vätern werden. Bringt uns nicht mitten auf dem Lebensweg am Leben Schaden.

Vom Hindu **Yogananda** wird erzählt:

> „Was ist die beste Religion?", fragte ein Suchender. „Selbstverwirklichung", antwortete Yogananda.
> „Sie ist in der Tat die einzige Religion, denn sie ist das wahre Anliegen jeglicher Religion, wie auch immer die Menschen ihren Glauben definieren. Sei ein Mensch nun Christ oder Jude, Buddhist, Hindu oder Muslim – letztlich geht es darum, was er ist, in seinem Innersten. Der rechte Geist ist die Haltung bedingungsloser Liebe zu Gott. Der rechte Ort ist in unserem Innern. Die rechte Weise ist die Stille tiefer Meditation. Um Gott zu finden, müssen wir uns auf seine Art, Dinge zu tun, einstimmen."

9.5 Buddhismus

Der geschichtliche Gautama Siddharta hat selber nichts Schriftliches hinterlassen. Nach seiner Erleuchtung begann er den Weg zu weisen, um aus dem Kreislauf von Geburt und Wiedergeburt auszubrechen. Er setzte das „Rad der Lehre" in Bewegung. Seine Schüler zeichneten diese Worte auf.

Aus einer **Predigt des Buddha**:

> Dies, ihr Mönche, ist die edle Wahrheit vom Leiden: Geburt ist Leiden, Alter ist Leiden, Krankheit ist Leiden, Sterben ist Leiden; mit Unlieben vereint sein ist Leiden. Von Lieben getrennt sein ist Leiden. Nicht erlangen, was man begehrt, ist Leiden.
> Dies, ihr Mönche, ist die edle Wahrheit von der Entstehung des Leidens: Es ist der die Wiedergeburt erzeugende Durst, begleitet von Wohlgefallen und Begier, der hier und dort seine Freude

> findet: nämlich der Durst nach Lust, der Durst nach Werden und Dasein, der Durst nach Vergänglichkeit. Dies, ihr Mönche, ist die edle Wahrheit von der Aufhebung des Leidens: die Aufhebung des Durstes durch restlose Vernichtung des Begehrens, ihn fahren lassen, sich seiner entäußern, sich von ihm lösen, ihm keine Stätte gewähren.

Ein Gelöbnis aus der religiösen Welt des **Mahayana-Buddhismus:**

> Der Menschen sind unendlich viel –
> Wir geloben, sie alle zu retten.
> Zerstörender Irrtum ist unerschöpflich –
> Ihn auszurotten geloben wir.
> Die Lehre der Wahrheit ist unermessbar –
> Wir geloben, sie kennenzulernen.
> Buddhas Wahrheit ist die höchste –
> Wir geloben, sie zu vollenden.

Lern-Check: Teste dein Wissen!

Kapitel „Texte der Religionen"	O.K. ✔	Das muss ich noch mal lesen
Ich kann erläutern, dass im Judentum das Hören, d. h. das Sich Öffnen für den Anspruch Gottes, in seinen Geboten eine entscheidende Grundlage darstellt.		S. 128, 129
Ich kann verdeutlichen, dass der Inhalt christlichen Glaubens im apostolischen Glaubensbekenntnis und dass die Beziehung des Christen zu Gott am intensivsten im Vaterunser zur Sprache gebracht wird.		S. 129–131
Ich kann anhand der Al-Fatiha darlegen, dass im Islam der Einzigartigkeit Gottes ein besonderes Gewicht beigemessen wird.		S. 131, 132
Ich kann erklären, dass im Glauben der Hindus die Vielfalt des Göttlichen eine große Rolle spielt.		S. 132, 133
Ich kann anhand eines Predigtauszugs erläutern, wie in buddhistischem Verständnis Leiden aufgehoben werden kann.		S. 133, 134

Abkürzungen

Am:	Buch Amos
Apg:	Apostelgeschichte
AT:	Altes Testament/TaNaCh
Dtn:	Deuteronomium/5. Buch Mose
Eph:	Brief an die Epheser
Ex:	Buch Exodus/2. Buch Mose
Gal:	Brief an die Galater
Gen:	Buch Genesis/1. Buch Mose
Hl.:	Heilige/Heiliger
Jer:	Buch Jeremia
Jes:	Buch Jesaja
JHWH:	Gottesname, der von Juden nicht ausgesprochen wird
Joh:	Johannesevangelium
Kol:	Brief an die Kolosser
1 Kön:	1. Buch der Könige
1 Kor:	1. Brief an die Korinther
Lev:	Buch Levitikus/3. Buch Mose
2 Makk:	2. Buch der Makkabäer
Mk:	Markusevangelium
Mt:	Matthäusevangelium
NT:	Neues Testament
Lk:	Lukasevangelium
Num:	Buch Numeri/4. Buch Mose
Phil:	Brief an die Philipper
Ps:	Psalm
Röm:	Brief an die Römer
Sach:	Buch Sacharja
1 Tim:	1. Buch Timotheus
1 Sam:	1. Buch Samuel
v. Chr.:	vor Christi Geburt/vor unserer Zeitrechnung

Literaturhinweise und Internetadressen

- Bubolz, Georg (Hrsg.), Religionslexikon. Daten, Fakten und Zusammenhänge, 5. Auflage Berlin 2006, Cornelsen Verlag Scriptor.
  ISBN: 978-3-589-22242-1.

- Der Heidelberger Katechismus, 3. Auflage 2006, Neukirchen-Vluyn 2006, Neukirchener Verlag. ISBN: 978-3-7887-1570-0.
  Katechismus der evangelisch-reformierten Kirche.

- Evangelischer Erwachsenenkatechismus glauben – erkennen – leben. Herausgegeben von den Geschäftsführern der Katechismuskommission der Vereinten Evangelisch Lutherischen Kirche Deutschlands. Gütersloher Verlagshaus, Gütersloh 2000, 7. aktuallisierte Auflage.
  ISBN 978-3-579-04900-7.
  Orientierung für evangelische Christen.

- Katechismus der katholischen Kirche, München 2007, Oldenbourg Verlag. ISBN: 978-3-486-58145-4.
  Maßgebliches und verbindliches Normwerk für katholische Christen heute.

- Küng, Hans, Christ sein, München 2008, Piper Verlag.
  ISBN: 978-3-492-21736-1.
  Überzeugende und gut lesbare Darstellung dessen, was Christen glauben und leben (sollten).

- Küng, Hans, Das Christentum. Die religiöse Situation der Zeit, München 2005, Piper Verlag. ISBN: 978-3-492-22940-9.
  Ein über 1000 Seiten starkes Werk, das nahezu alle Dimensionen des Christentums thematisiert. Überzeugt sehr durch die solide Information und die gute Lesbarkeit.

- Lexikon für Theologie und Kirche, Freiburg 1993 ff., Verlag Herder.
  ISBN Bd. 1: 978-3-451-22001-2.
  Grundlegendes, in 3. Auflage erschienenes Standardwerk der römisch-katholischen Theologie. Solide Informationen, allerdings fehlen zumeist kritische Hinweise.

- Ratzinger, Joseph, Einführung in das Christentum. Vorlesungen über das apostolische Glaubensbekenntnis, München, 2007, Kösel Verlag.
  ISBN: 978-3-466-20455-7.
  Solide, gut lesbare Interpretation des christlichen Glaubens. Immer noch sehr empfehlenswert.

- Theologische Realenzyklopädie. Berlin 1995, Verlag de Gruyter.
  ISBN Bd. 1: 978-3-11-007499-4.
  Grundlegendes Standardwerk der evangelischen Theologie; informiert umfassend und gründlich über die Themen der Theologie.

Internetadressen

www.vatican.va	Der Heilige Stuhl, Der Heilige Vater
www.ekd.de	Evangelische Kirche
www.kath.de	Dokumente und Infos
www.katholische-kirche.de	Römisch-katholische Kirche in Deutschland
www.publik-forum.de	Zeitschrift *Publik Forum* (Oberursel)
www.kirche-in.at	Zeitschrift *kirche intern*/(Wien)
www.kathpress.co.at	Informationsdienst der Österreichischen Katholischen Presseagentur
www.internetseelsorge.de/ info-container/glossar	Glossar der KGI (Katholische Glaubensinformation Frankfurt)

Zu Themen der wissenschaftlichen Theologie finden sich unter www.kirche-in.at zahlreiche Links.

Stichwortverzeichnis